KB275978

엑스포지멘터리 성경공부 시리즈

요한복음(Ⅱ)

요한복음 11-21장

엑스포지멘터리 성경공부 시리즈

요한복음(Ⅱ)

요한복음 11–21장

| 송병현 · 임우민 지음 |

차례

요한복음 서론

신약을 구성하는 정경 27권 중 처음 네 권을 복음서라고 한다. 예수 그리스도의 죽음과 부활을 통해 세상에 임할 복음을 묘사하고 있기 때문이다. 우리는 한 복음에 대해 네 복음서를 전수받았다. 역사를 주관하시는 하나님이 예수님의 죽음과 부활에 관해 증언하는 복음서로 '마태복음-마가복음-누가복음-요한복음'을 정경으로 정하셨다.

네 복음서에 기록된 모든 내용은 목격자들의 기억과 증언(눅 1:1-4)을 토대로 하는 사실이며, 예수님의 삶과 사역에서 비롯된 것들이다. 그러므로 복음서는 역사성과 교훈적인 기능을 강조하며, 구약에서 유래한 '종말적-역사적 내러티브'다. 복음서는 전기적, 역사적, 신학적, 교훈적이다. 이와 마찬가지로 요한복음에도 역사, 전기, 신학, 고백, 교리, 설교 등 다양한 양식의 글이 포함되어 있다.

1. 저자와 저작 시기

초대교회는 처음부터 이 복음서의 저자를 예수님의 삶과 사역에 대한 증인이자 열두 제자 중 하나인 세베대의 아들 요한으로 간주했다. 그는 '예수께서 사랑하시는 제자'(21:7)이며, 유월절 만찬 중 예수님의 품에 의지해 누운 사람이다(13:23). 요한은 어머니 쪽을 통해(요한의 어머니가 예수님의 이모) 예수님과 사촌지간이고, 사도행전에서는 베드로의 동반자로 등장한다(행 3-4장). 이후 예수님은 십자가에서 요한에게 어머니 마리아를 부탁하셨다(19:25-27).

학자들은 대부분 요한복음의 저작 시기를 1세기 말로 본다. 요한이 매우 오래 살았다는 기록이 남아 있기 때문이다. 이레네우스는 요한 사도가 트라야누스 황제 시대까지 살았다고 한다. 제롬은 요한이 예수님이 죽으신 지 68년째 되는 해인 주후 98년에 죽었다는 말을 남겼다. 거의 모든 학자가 요한복음이 주후 80-100년에 소아시아의 에베소에서 저작되었을 것으로 추측한다.

2. 저작 목적

요한은 자신이 책을 쓴 동기에 대해 "오직 이것을 기록함은 너희로 예수께서 하나님의 아들 그리스도이심을 믿게 하려 함이요 또 너희로 믿고 그 이름을 힘입어 생명을 얻게 하려 함이니라"(20:31)라고 증언한다. 이 말씀은 요한복음의 주요 주제인 믿음, 하나님의 아들, 예수님을 통한 영생을 하나로 묶고 있으며, 전도와 양육의 중요성을 암시한다. 요한복음은 믿지 않는 사람을 믿게 하고, 이미 믿고 있는 사람의 신앙을 성장시키기 위해 저작되었다.

3. 신학적 메시지

(1) 하나님

하나님은 세상과 시간의 시작이고 끝이시다(1:3). 세상을 창조하신 하나님은 세상에 이미 일어난 모든 일과 일어나고 있는 모든 일, 그리고 앞으로 일어날 모든 일을 아신다. 이 모든 일이 하나님의 계획과 섭리에 따라 진행되고 있기 때문이다.

하나님은 아들을 세상에 보내셨고, 그 아들을 통해 더 많은 자녀를 얻고자 하셨다. 하나님은 자녀로 맞이하고자 하는 사람들을 참으로 사랑하셨다. 그들의 죄를 용서하시고 구원하기 위해 하나뿐인 아들을 보내셨다. 그러므로 요한복음에서 하나님은 독생자 아들을 보내시는 분이며, 동시에 '새 자녀들'을 받으시는 분이다. 자기를 보내신 아버지의 뜻을 이루기 위해 보내심을 받은 예수님이 하시는 모든 일은 하나님으로부터 온 것이며, 하나님을 위한 것이다.

(2) 예수 그리스도

요한복음의 기독론을 논함에 있어 가장 중요한 말씀은 1:1-18이다. 특히 1절과 4절은 예수님이 성육신하신 하나님의 말씀이라고 한다. 예수님이 하나님의 말씀을 선포하시고 하나님의 일을 하시지만, 예수님은 옛 선지자들처럼 하나님의 말씀을 대언하는 매체가 아니라 하나님의 말씀 자체이시다. 그러므로 예수님의 말씀과 사역, 삶과 죽음은 선을 그어 나눌 수 없는 하나이며, 예수님은 우리가 하나님께 나아갈 유일한 길이요 진리요 생명이시다. 예수님은 하나님이시기 때문이다. 요한복음은 예수님이 100% 인간이시며, 100% 하나님이심을 강조한다.

요한복음에서 예수님은 "내가 그다"(ἐγώ εἰμι, "I AM I am he")라는 말씀에 여러 수식어를 더해 일곱 가지 비유로 자신에 관해 말씀하신다. 이 비유는 모두 예수님만이 하나님께 나아가 영생을 얻는 유일한 방법임을 강조한다.

'나는 …이다'	성경 구절(요한복음)
나는 생명의 떡이다	6:35, 41, 48
나는 세상의 빛이다	8:12; 9:5
나는 양의 문이다	10:7, 9
나는 선한 목자다	10:11, 14
나는 부활이요 생명이다	11:25
나는 길이요 진리요 생명이다	14:6
나는 참 포도나무다	15:1

(3) 성령

요한복음은 성령에 대해 공관복음을 모두 합한 것보다 더 많이 언급한다. 성령은 예수님이 세례를 받으실 때부터 함께하셨다. 성령은 영원히 예수님과 함께하는 하나님의 내재이시며, 예수님 안에 흐르는 생수의 근원이시다. 성령은 예수님의 삶에서 있어도 되고 없어도 되는 부수적인 존재가 아니다. 그러므로 사람이 예수님과 함께한다는 것은 성령을 체험

하는 것을 의미한다.

부활하신 예수님은 제자들에게 제일 먼저 성령을 받으라고 권면하셨고, 승천하신 후 보혜사로 제자들에게 임하셨다. '보혜사'(παράκλητος, 파라 클레이토스)는 '위로하는 자, 돕는 자'라는 의미를 지닌다. 예수님은 승천하신 후에도 예수님이 세우신 공동체와 함께하시며 자신에 대한 계시와 가르침을 계속하는 일로 공동체를 위로하고 도우신다. 이처럼 성령은 믿는 자들을 말씀과 가르침으로 위로하고 도우시지만, 예수님을 믿지 않는 세상은 죄와 의와 심판으로 책망하신다.

(4) 교회

교회는 예수님의 제자들이 모이는 곳이다. 예수님의 제자는 예수님이 그를 사랑하신 것처럼 이웃(다른 제자)을 사랑하는 사람이며, 이런 제자들이 모인 곳이 교회다. 교회는 예수님이 새로 시작하신 하나님 백성 공동체이며, 이방인과 유대인을 포함한다. 교회가 유대인뿐 아니라 이방인도 포함하는 것은 우연이나 실수로 빚어진 일이 아니라 하나님이 태초부터 계획하신 인류 구원 역사의 일부다. 구약은 아브라함의 후손으로 오는 이가 이러한 구원을 이루실 것이라고 한다.

4. 구조

요한복음은 프롤로그를 형성하는 1:1-18과 에필로그를 형성하는 21:1-25에 싸여 있다. 이 두 섹션에 감싸인 1:19-20:31은 '징조의 책'(1:19-12:50)과 '영광의 책'(13:1-20:31) 등 두 파트로 나뉜다.

    Ⅰ. 프롤로그(1:1-18)
    Ⅱ. 세례 요한과 첫 제자들(1:19-51)
    Ⅲ. 공개 사역 시작(2:1-4:54)
    Ⅳ. 커져 가는 반발(5:1-8:11)
    Ⅴ. 유대인들과의 갈등(8:12-10:42)
    Ⅵ. 전환: 사역에서 죽음과 부활로(11:1-12:50)

제1주 살리시는 예수님

요한복음 11:17-44

📝 복습

1 예수님은 유대인들에게 무엇을 보고 판단하라고 하셨는가? 이를 통해 그들이 깨닫게 될 사실은 무엇인가?(10:37-38)

a) 판단의 근거(37절):

b) 깨닫게 될 사실(38절):

11:17 예수께서 와서 보시니 나사로가 무덤에 있은 지 이미 나흘이라 18 베다니는 예루살렘에서 가깝기가 한 오 리쯤 되매 19 많은 유대인이 마르다와 마리아에게 그 오라비의 일로 위문하러 왔더니 20 마르다는 예수께서 오신다는 말을 듣고 곧 나가 맞이하되 마리아는 집에 앉았더라 21 마르다가 예수께 여짜오되 주께서 여기 계셨더라면 내 오라버니가 죽지 아니하였겠나이다 22 그러나 나는 이제라도 주께서 무엇이든지 하나님께 구하시는 것을 하나님이 주실 줄을 아나이다 23 예수께서 이르시되 네 오라비가 다시 살아나리라 24 마르다가 이르되 마지막 날 부활 때에는 다시 살아날 줄을 내가 아나이다 25 예수께서 이르시되 나는 부활이요 생명이니 나를 믿는 자는 죽어도 살겠고 26 무릇 살아서 나를 믿는 자는 영원히 죽지 아니하리니 이것을 네가 믿느냐 27 이르되 주여 그러하외다 주는 그리스도시요 세상에 오시는 하나님의 아들이신 줄 내

가 믿나이다 ²⁸ 이 말을 하고 돌아가서 가만히 그 자매 마리아를 불러 말하되 선생님이 오셔서 너를 부르신다 하니 ²⁹ 마리아가 이 말을 듣고 급히 일어나 예수께 나아가매 ³⁰ 예수는 아직 마을로 들어오지 아니하시고 마르다가 맞이했던 곳에 그대로 계시더라 ³¹ 마리아와 함께 집에 있어 위로하던 유대인들은 그가 급히 일어나 나가는 것을 보고 곡하러 무덤에 가는 줄로 생각하고 따라가더니 ³² 마리아가 예수 계신 곳에 가서 뵈옵고 그 발 앞에 엎드리어 이르되 주께서 여기 계셨더라면 내 오라버니가 죽지 아니하였겠나이다 하더라 ³³ 예수께서 그가 우는 것과 또 함께 온 유대인들이 우는 것을 보시고 심령에 비통히 여기시고 불쌍히 여기사 ³⁴ 이르시되 그를 어디 두었느냐 이르되 주여 와서 보옵소서 하니 ³⁵ 예수께서 눈물을 흘리시더라 ³⁶ 이에 유대인들이 말하되 보라 그를 얼마나 사랑하셨는가 하며 ³⁷ 그 중 어떤 이는 말하되 맹인의 눈을 뜨게 한 이 사람이 그 사람은 죽지 않게 할 수 없었더냐 하더라 ³⁸ 이에 예수께서 다시 속으로 비통히 여기시며 무덤에 가시니 무덤이 굴이라 돌로 막았거늘 ³⁹ 예수께서 이르시되 돌을 옮겨 놓으라 하시니 그 죽은 자의 누이 마르다가 이르되 주여 죽은 지가 나흘이 되었으매 벌써 냄새가 나나이다 ⁴⁰ 예수께서 이르시되 내 말이 네가 믿으면 하나님의 영광을 보리라 하지 아니하였느냐 하시니 ⁴¹ 돌을 옮겨 놓으니 예수께서 눈을 들어 우러러 보시고 이르시되 아버지여 내 말을 들으신 것을 감사하나이다 ⁴² 항상 내 말을 들으시는 줄을 내가 알았나이다 그러나 이 말씀 하옵는 것은 둘러선 무리를 위함이니 곧 아버지께서 나를 보내신 것을 그들로 믿게 하려 함이니이다 ⁴³ 이 말씀을 하시고 큰 소리로 나사로야 나오라 부르시니 ⁴⁴ 죽은 자가 수족을 베로 동인 채로 나오는데 그 얼굴은 수건에 싸였더라 예수께서 이르시되 풀어 놓아 다니게 하라 하시니라

🔍 말씀 돋보기(관찰)

1 예수님은 나사로가 무덤에 장사된 지 며칠째 되는 날 베다니에 도착하셨으며, 그 이유는 무엇인가?(11:17, Tip)

a) 베다니에 도착하신 때(17절): ....

....

b) 이유(Tip): ....

나사로는 히브리어 이름 '엘르아살'(하나님의 도움, 하나님이 도우시는 자)을 헬라어로 표기한 것이다. 죽었다가 하나님의 도우심으로 되살아난 그에게 잘 어울리는 이름이라 할 수 있다. 나사로는 누이 마르다와 마리아와 함께 베다니에서 살다가 병이 들어 죽었다.

예수님은 나사로가 무덤에 장사된 지 나흘째(4일째) 되는 날 베다니에 도착하셨다. 당시 무덤은 언덕에 굴을 파 놓은 형태였으며, 부자들은 가족묘로 사용하기 위해 상당히 정교하고 길게 여러 갈래의 굴을 팠다. 나사로가 아프다는 소식을 듣고도 예수님이 일부러 이틀이나 지체한 뒤 그가 죽은 지 나흘째가 되어서야 베다니에 도착하신 데에는 그럴 만한 이유가 있다.

당시 유대인들은 사람이 죽으면 그의 영혼이 몸 주변에서 사흘간 머물며 다시 몸으로 들어가 소생할 기회를 엿본다고 생각했다. 그러다가 죽은 지 나흘째가 되어 시신이 썩기 시작하고 얼굴색이 변하면 영혼이 영원히 시신을 떠난다고 여겼다. 그러므로 나사로가 죽은 지 나흘이 되었다는 것은 그가 일시적으로 정신을 잃었을 가능성을 원천적으로 배제한다. 예수님은 잠들거나 정신을 잃은 나사로를 깨우신 것이 아니다. 이미 죽은 지 나흘이 지나 완전히 죽은 자를 살리신 것이다. 예수님은 더는 어떠한 소생 가능성도 없는 나사로를 살리심으로써 하나님의 영광을 드러내고자 하신 것이다.

2 예수님은 마르다에게 자신을 어떻게 소개하셨으며, 그 의미는 무엇인가?(11:25−26)

a) 예수님 자신에 대한 소개(25절):
....
b) 의미(25−26절):
....

....

예수님은 마르다에게 나사로가 다시 살아날 것이라고 말씀하신다. '살아나다'를 직역하면 '일어나다'다. 다니엘 12:2은 부활에 관해 말하면서 '자는 자 중에서 많은 사람이 깨어날 것'이라고 하는데, 칠십인역은 히브리어의 '깨어나다'를 '일어나다'로 번역했다. 마르다는 자기 오라버니가 마지막 날에 부활할 것을 두고 말씀하시는 것으로 착각했다.

예수님은 오해하는 마르다에게 "나는 부활이요 생명이다"라고 말씀하신다. 이 마지막 표적에서 예수님은 생명이 되어 나사로를 살리실 것이다. 유대교 지도자 중 바리새인들은 부활을 믿었고, 사두개인들은 부활을 부인했다. 예수님은 부활에 대한 논쟁에서 바리새인들이 옳다고 하신다. 그러나 충분하지 않다. 그들은 예수님이 부활이고 생명이라는 것을 믿지 않기 때문이다.

예수님이 자신을 가리켜 부활이고 생명이라고 하신 말씀은 예수님이 부활이시기에 누구든지 예수님을 믿으면 죽어도 산다는 의미다. 그는 육체적으로 죽더라도 영적으로 살 것이다. 또한 예수님은 생명이시기에 살아서 믿는 사람은 영원히 죽지 않을 것이다. 그러므로 부활이요 생명이신 예수님을 믿는 사람은 절대 죽음을 경험하지 않을 것이다.

우리의 부활과 영생은 미래에 있을 일이 아니라, 오늘 당장 이 땅에서부터 우리의 것이다. 예수님이 죽음에서 부활하셨고 영원히 사시기 때문에 이런 일이 가능하다. 예수님은 우리의 이 땅에서의 삶(현재)과 내세에서의 삶(미래)을 주관하시는 분이다. 그러므로 예수님과 함께 사는 사람에게는 죽음의 권세가 거리(전에 계시던 곳에서 베다니까지)나 시간(죽어서 무덤에 묻힌 지 나흘)으로 정의될 수 없다.

3 마리아와 유대인들이 우는 것을 보신 예수님은 어떻게 반응하셨는가? 이 모습을 지켜본 사람들의 반응은 어떠했는가?(11:33-35, 36-37)

a) 예수님의 반응(33-35절):

....

b) 사람들의 반응(36-37절):

....

마리아는 예수님을 뵙자마자 "주께서 여기 계셨더라면 내 오라버니가 죽지 아니하였겠나이다"라고 마르다가 한 것과 똑같은 말을 하며 울었다. 나사로가 살아 있을 때 예수님이 오셨더라면 분명히 살렸을 텐데 이제는 너무 늦었다는 생각이 엄습했기 때문이다.

예수님은 심령에 비통히 여기고 그들을 불쌍히 여기셨다. '비통하다'는 일상적으로 '분노하다, 야단치다'라는 뜻을 지니며, 가끔 '크게 슬퍼하다'라는 의미로 사용된다. 대부분 번역본은 슬퍼하는 것으로 해석하지만(새번역, 공동번역, NIV, ESV), 분노로 마음을 가라앉히지 못하는 것으로 해석하는 번역본도 있다(NRS). 만일 예수님이 분노하신 상태라면 나사로의 무덤이 어디 있냐고 질문하신 것은 상당히 이해하기 어려운 상황이다. 책망이 먼저 나와야 하기 때문이다. 그러므로 예수님이 비통해하셨다는 것은 슬퍼하면서도 분노하신 것으로 해석하는 것이 바람직하다. 예수님은 나사로의 죽음으로 사람들이 슬퍼하는 모습을 보고 비통히 여기신다. 또한 수년 동안 부활과 영생에 대해 가르쳤는데도 그 소망을 마음에 새기지 못하고 눈에 보이는 죽음의 지배 아래 모든 것을 생각하고 행동하는 사람들의 답답한 모습에 화를 내신다.

예수님은 나사로의 무덤으로 가시는 중에 눈물을 흘리셨다. 이 말씀은 가장 짧은 성경 구절이지만 슬픔에 빠진 그리스도인들에게 가장 위로가 되는 말씀이다. 하나님이신 예수님이 연약한 인간인 우리의 슬픔을 헤아리고 함께 울어 주신다는 의미이기 때문이다. 예수님이 우셨다는 표현에 사용된 '울다'는(35절) 마리아와 사람들이 운 것을(33절) 묘사하는 단어와 다르다. 예수님에게 사용된 '울다'는 신약에서 이 본문에만 나오는 동사이며, 마음으로 아파하며 조용히 흘리는 눈물을 의미한다. 예수님의 눈물은 소망이 없다며 사람들이 흘리는 절망적인 눈물과 다르다. 죄와 죽음이 가져온 결과가 사람들에게 얼마나 치명적인지 보시고 죽음을 그렇게 대할 필요가 없다며 안타까워서 흘리시는 눈물이다. 주님을 믿는 사람들에게 죽음은 끝이 아니라 또 하나의 시작이기 때문이다.

4 마르다는 예수님이 자신을 가리켜 부활이요 생명이라고 말씀하셨을 때와 나사로의 무덤을 찾아오셨을 때 서로 다른 믿음의 태도를 보인다. 각각 어떻게 고백했는가?(11:27, 39)

a) 부활이요 생명이라고 소개하셨을 때(27절):

b) 나사로의 무덤을 찾아오셨을 때(39절):

예수님이 "나는 부활이요 생명이다"라고 말씀하신 후 "이것을 믿느냐"라고 물어보셨을 때, 마르다는 주저하지 않고 믿는다고 말했다. 그녀는 "주는 그리스도시요 세상에 오시는 하나님의 아들이신 줄 내가 믿나이다"라고 고백했다. 하지만 예수님이 하신 질문은 나사로를 살릴 수 있다고 믿느냐는 것이 아니다. 마르다처럼 예수님과 함께하는 사람은 죽지 않고 영원히 사는 것을 믿느냐는 질문이다. 이에 대해 마르다는 '믿나이다'라는 완료형으로 대답했다. 즉, 마르다가 예전부터 마음을 정해 예수님을 믿어 왔다고 고백한 것이다. 제자 안드레는 형제 베드로에게 '메시아'를 만났다고 했고(1:41), 나다나엘은 예수님을 '하나님의 아들'이라고 했다(1:49). 빌립은 예수님이 "모세가 율법에 기록하였고 여러 선지자가 [오실 것이라고] 기록한 그이"라고 했다(1:45). 마르다의 대답은 이 세 가지를 한꺼번에 고백한 것으로 신약에서 매우 확고한 신앙 고백 중 하나다. 마르다는 부활이자 생명이신 예수님이 죽은 자도 살리신다는 믿음을 지녔다. 그러나 순간적으로 그녀의 믿음이 흔들려 "주여 죽은 지가 나흘이 되었으매 벌써 냄새가 나나이다"(39절)라고 말했다. 현실이 믿음과 너무나도 동떨어져 있다고 생각했기 때문이다. 나사로가 죽은 지 이미 며칠이나 되어 그의 시신이 썩고 있다. 이런 상황에서 예수님이 무리하시는 것은 아닌지 걱정이 앞선 것이다. 그녀는 예수님에게 나사로의 시신이 이미 부패하기 시작해 냄새가 날 정도인데 그를 다시 살리는 것이 어렵지 않겠느냐는 취지로 말씀드렸다.

예수님은 마르다에게 확신을 갖고 믿으라고 권면하신다. 믿으면 그녀는 하나님이 나사로를 살리시는 영광을 볼 것이다. 마르다는 나사로의 죽음에 압도되어 있다. 그러나 예수님은 부활이고 생명이시다. 그러므로 나사로의 죽음이 생명이신 예수님의 능력을 제한할 수 없다.

5 예수님은 나사로를 살리시기 전에 먼저 무엇을 하셨으며, 이후 어떤 기적이 일어났는가? 이 기적이 상징하는 바는 무엇인가?(11:41, 44,

Tip)

a) 기적을 일으키시기 전에 하신 일(41절):

b) 기적(44절):

c) 기적이 상징하는 것(Tip):

예수님은 먼저 기도하셨다. 당시 유대인들이 가장 흔히 취했던 기도 자세, 곧 눈을 들어 하늘을 우러러보며 기도하셨다. 예수님은 먼저 하나님 아버지께서 자기 말을 들으신 것에 감사드렸다. 이미 하나님 아버지께 나사로를 살려 주시길 기도하고 응답받았기 때문에 이곳에서는 감사 기도를 드리신다. 예수님은 하나님이 항상 자기 기도를 들으신다는 사실을 아신다. 굳이 이렇게 말씀하실 필요가 없지만, 주변에 있는 사람들이 듣고 하나님과 예수님의 특별하고 친밀한 관계를 깨닫고 하나님이 예수님을 보내셨다는 사실을 믿게 하려고 이렇게 하신 것이다. 하나님 아버지께서 예수님의 기도를 항상 들으시는 것은 예수님 안에 거하는 우리의 기도도 항상 들으신다는 것을 의미한다.

기도를 마치신 예수님이 큰 소리로 나사로에게 나오라고 말씀하시자 나사로가 수족이 베로 동여진 채로 무덤 밖으로 나왔다. '나오라'라는 예수님의 말씀은 이 이야기의 절정이다. 요한이 '나사로'라는 이름 대신 '죽은 자'라고 표현하는 것은 죽었던 사람이 되살아남으로써 이제 더는 죽음이 나사로를 지배하지 못한다며 죽음을 조롱하기 위해서다. 나사로가 죽음의 지배를 벗어난 것은 그가 생명이신 예수님 안에 있기 때문이다.

죽은 나사로가 살아났다! 이 기적은 요한복음에서 예수님이 행하신 마지막 기적이다. 본문에 기록된 이야기는 죽은 나사로를 살리신 예수님이 장차 자신의 죽음도 이기고 부활하실 것을 상징적으로 드러낸다.

 ## 삶의 내비게이션(적용)

1 예수님은 연약한 우리의 슬픔을 헤아리고 함께 울어 주신다. 당신이 어려운 일을 당해 기도했을 때 주님이 주신 위로는 무엇인가?
관찰문제 3번 참고.

....

....

....

....

2 예수님을 믿는 자들의 부활과 영생은 미래에 있을 일이 아니라, 오늘 당장 이 땅에서부터 우리의 것이다. 이 진리를 알고 난 후 당신의 삶에 찾아온 변화는 무엇인가?
관찰문제 2번 참고.

....

....

....

....

3 마르다는 나사로가 완전히 죽었다는 사실에 압도되어 죽은 자도 살리시는 예수님의 능력을 온전히 믿지 못했다. 지금 눈에 보이는 현실에 가로막혀 예수님의 능력을 제한하고 있는 것이 있다면 무엇인가?
관찰문제 4번 참고.

....

....

....

....

생활의 아로마(실천)

제2주 헌신으로 드러난 본심

 **복습**

1 예수님은 마르다에게 자신을 어떻게 소개하셨으며, 그 의미는 무엇인가?(11:25-26)

   a) 예수님 자신에 대한 소개(25절):

   b) 의미(25-26절):

¹²:¹ 유월절 엿새 전에 예수께서 베다니에 이르시니 이 곳은 예수께서 죽은 자 가운데서 살리신 나사로가 있는 곳이라 ² 거기서 예수를 위하여 잔치할새 마르다는 일을 하고 나사로는 예수와 함께 앉은 자 중에 있더라 ³ 마리아는 지극히 비싼 향유 곧 순전한 나드 한 근을 가져다가 예수의 발에 붓고 자기 머리털로 그의 발을 닦으니 향유 냄새가 집에 가득하더라 ⁴ 제자 중 하나로서 예수를 잡아 줄 가룟 유다가 말하되 ⁵ 이 향유를 어찌하여 삼백 데나리온에 팔아 가난한 자들에게 주지 아니하였느냐 하니 ⁶ 이렇게 말함은 가난한 자들을 생각함이 아니요 그는 도둑이라 돈궤를 맡고 거기 넣는 것을 훔쳐 감이러라 ⁷ 예수께서 이르시되 그를 가만 두어 나의 장례할 날을 위하여 그것을 간직하게 하라 ⁸ 가난한 자들은 항상 너희와 함께 있거니와 나는 항상 있지 아니하리라 하시니라 ⁹ 유대인의 큰 무리가 예수께서 여기 계신 줄을 알고 오니 이는 예수만 보기 위함이 아니요 죽은 자 가운데서 살리신 나사로도 보려 함이러라 ¹⁰ 대제사장들

이 나사로까지 죽이려고 모의하니 [11] 나사로 때문에 많은 유대인이 가서 예수를 믿음
이러라

 말씀 돋보기(관찰)

1 이 이야기의 배경이 되는 절기는 무엇이며, 베다니에 예수님을 위해
준비된 것은 무엇인가?(12:1-2)

a) 절기(1절):

b) 준비(2절):

> **Tip** 본문이 언급하는 유월절은 주후 30년에 있었던 유월절로, 시간을 계산해
> 보면 예수님은 2년 조금 넘은 기간(햇수로 3년) 동안 사역하셨다. 예수님
> 이 이 땅에서 보내실 마지막 유월절이 엿새 후로 다가왔다. 세상 죄를 지
> 고 가는 하나님의 어린양이신 예수님이 온 인류를 대속하기 위해 십자
> 가를 지실 때가 되었다. 엿새 뒤가 유월절(금요일 밤에 시작)이라는 것은
> 이날이 유월절 전의 토요일 밤, 곧 우리가 종려주일이라고 부르는 날의
> 전야임을 알려 준다.
>
> 예수님은 제자들을 이끌고 예루살렘 근교에 있는 마을 베다니로 올라가
> 셨다. 예수님과 제자들이 베다니에 도착하자 잔치가 벌어졌다. 나사로와
> 마르다와 마리아 남매 중 누구의 집에서 잔치가 벌어졌는지 정확히 알
> 수는 없지만, 이들은 예수님이 사랑하시는 가족이다. 그들은 예수님이
> 나사로를 살린 기적을 행하신 일과 죽은 나사로가 새로운 삶을 살게 된
> 일을 기념하고 축하하기 위해 잔치를 열었다.

2 마리아는 잔치 때 예수님을 어떻게 섬겼으며, 그녀가 드린 선물은 무
엇인가?(12:3)

a) 마리아의 섬김:

b) 선물:

 잔치가 한창 진행되는 동안 마리아가 향유를 가져와 예수님의 발에 붓고 자기 머리털로 발을 닦았다. 동사 '닦다'는 예수님이 제자들의 발을 씻기시는 이야기에도 사용된다. 이에 마리아가 예수님의 발을 닦는 것을 그 일을 예고하는 것으로 해석하는 이들도 있다. 당시에는 축하할 일이 있을 때 집주인이 손님의 머리 위에 기름을 붓는 것은 흔히 있었던 일이다. 마리아가 단순히 예수님을 환영하는 의미에서 이렇게 했다고 하는 이들도 있지만, 예수님이 다윗의 후손으로 오신 하나님의 아들이라는 사실과 함께 이 향유의 값을 고려하면 그녀는 메시아 왕께 경외와 존경을 표하는 의미로 기름을 부었다. 마가복음은 그녀가 예수님의 머리에 향유를 부었다고 하는데(막 14:3), 본문은 발에 부었다고 한다. 당시 사람들은 만찬을 할 때 옆으로 기댄 자세로 식사를 했기 때문에 누구든지 마음만 먹으면 만찬을 나누는 사람의 발에 쉽게 접근할 수 있었다. 아마도 예수님의 머리에 부은 것이 몸을 타고 내려와 발까지 적셨고, 발로 흘러내린 향유를 마리아가 머리털로 닦아 드렸다는 것을 의미하는 듯하다. 마리아는 예수님의 머리에 가장 비싼 향유를 붓고 주님 앞에 가장 낮게 엎드려 경배하고 있다.

마리아가 예수님께 부은 향유는 지극히 비싼 것, 곧 순전한 나드 한 근이었다. 나드의 향은 글라디올라 향과 비슷하다고 한다. 마리아는 나드 중에서도 가장 질이 좋은 나드, 곧 한 근에 300데나리온이나 하는 향유를 예수님께 드렸다. 한 데나리온은 당시 노동자의 하루 임금으로, 300데나리온은 노동자 1년 치 연봉에 해당하는 금액이다. 당시 여인들은 유산으로 이렇게 큰 액수를 받기 쉽지 않았다. 마리아는 보통 사람들이 감히 엄두도 내지 못할 일을 한 것이다.

3 마리아의 행동에 대한 가룟 유다와 예수님의 평가는 어떻게 다른가? (12:5-7)

a) 가룟 유다의 평가(5-6절):

b) 예수님의 평가(7절):

....

....

옆에서 지켜보던 가룟 유다가 모든 제자를 대표해 화를 냈다. 그는 예수님의 열두 제자 중 하나지만, 돈을 받고 예수님을 유대교 지도자들에게 넘길 악인이다. 지금까지 요한은 가룟 유다에 대해 단 한 차례 언급했는데, 그때도 그를 가리켜 마귀라고 했다(6:70-71). 그러므로 마리아는 신실한 사람의 모델이며, 가룟 유다는 정반대되는 사람이다.

가룟 유다는 "향유를 팔아 가난한 자들에게 주지 않았느냐"라며 마리아의 행위를 공개적으로 비난했는데, 이 일을 묵인하신 예수님도 비난에 포함하고 있다. 하지만 실상 가룟 유다를 비롯한 열두 제자야말로 사비를 털어서라도 마리아처럼 해야 했다. 마리아가 한 일은 예수님의 은혜를 입은 사람이 할 수 있는 최고의 예배이기 때문이다. 그러나 가룟 유다는 값비싼 향유가 낭비되고 있다고만 할 뿐, 마리아처럼 신앙적인 관점에서 이 일을 보려고 하지 않았다.

예수님은 마리아가 향유를 부은 일을 자신의 장례를 위한 일로 간주하시며 그녀를 비난하지 말라고 하신다. 유대인들은 사람이 죽으면 염을 하지 않고 악취를 줄이기 위해 시신 전체에 향료를 뿌렸다. 예수님은 마리아의 섬김을 이런 일로 간주하셨다. 이미 부은 향유를 간직하라는 말씀이 아니다. NIV 성경은 이 구절을 "그를 가만두어라. [그녀가 값비싼 나드를 팔지 않고 가지고 있었던 것은] 나의 장례할 날을 위해 그것을 간직하기 위해서다"라고 번역한다([대괄호]안의 내용은 생략된 부분임, cf. 새번역, 공동). 마리아는 우리를 위해 목숨을 내주러 가시는 예수님의 길을 자신이 준비할 수 있는 최고의 것으로 배웅해 드리고 있다. 그녀가 예수님의 머리에 향유를 부은 일은 얼마 남지 않은 예수님의 장례를 위한 때에 맞는 아름다운 섬김이었다.

4 가룟 유다가 마리아에게 화를 낸 진짜 이유는 무엇인가? 예수님은 앞으로의 일에 대해 어떤 암시를 주시는가?(12:6, 8)

a) 진짜 의도(6절):

....

b) 예수님의 암시(8절):

 가룟 유다는 향유를 팔아서 가난한 사람들을 도왔어야 한다고 말하지만, 이는 입에 발린 말일 뿐 그는 가난한 사람들을 돕는 자가 아니다. 오히려 그는 가난한 사람들을 돕는 데 사용할 돈을 훔치는 '도둑'이다. 가룟 유다는 예수님과 제자들의 재정을 담당했는데(돈궤를 맡음), 평소에 사람들이 사역에 보태라고 헌금하고 기부한 돈 중 일부를 훔치고 빼돌렸다(6절). 그러므로 이번에도 만일 마리아가 향유를 300데나리온에 팔아 헌금했더라면, 이 돈의 일부를 도둑질했을 것이다.

예수님은 향유를 팔아 가난한 사람들을 도왔어야 한다고 말하는 가룟 유다와 제자들에게 가난한 사람들은 항상 그들 곁에 있지만 자기는 그렇지 않다며, 머지않아 떠나실 것(죽으실 것)을 암시하신다. 가난한 사람들은 항상 우리 곁에 있다는 말씀은 하나님의 백성은 항상 가난한 자들을 도와야 한다는 신명기 15:11 말씀("땅에는 언제든지 가난한 자가 그치지 아니하겠으므로 내가 네게 명령하여 이르노니 너는 반드시 네 땅 안에 네 형제 중 곤란한 자와 궁핍한 자에게 네 손을 펼지니라")을 연상케 한다. 예수님은 교회가 항상 가난한 자들을 돌보아야 한다는 뜻에서 이렇게 말씀하셨다. 그러나 예수님이 십자가 죽음을 앞둔 이 순간은 아니다. 제자들은 예수님과 함께할 시간이 얼마 남지 않았으므로 예수님에게 집중해야 한다.

5 큰 무리가 예수님에게 몰려들자 대제사장들은 어떤 모의를 했으며, 그 이유는 무엇인가?(12:10-11)

a) 대제사장들의 모의(10절):

b) 이유(11절):

 예수님이 베다니에 오셨다는 소문이 퍼지자 많은 유대인이 죽은 사람을 살리신 메시아와 죽었다가 살아난 나사로를 보기 위해 베다니로 몰려들

었다. 이 상황을 지켜보는 대제사장들의 심기가 불편하다. 사람들이 자신들을 찾아와야 하는데 예수님과 나사로에게 몰려가고 있기 때문이다. 그들은 예수님과 나사로가 자신들이 누리는 특권과 이권을 위협한다고만 생각할 뿐, 예수님이 하나님의 아들일 가능성은 전혀 고려하지 않는다.

그들은 예수님뿐 아니라 나사로까지 함께 죽이기로 모의했다. 죽었다가 살아난 나사로로 인해 많은 유대인이 베다니에 계신 예수님을 찾아가 믿었기 때문이다. 아마도 나사로는 자신이 경험한 일에 대해 사람들에게 꾸준히 간증했을 것이다. 하나님을 사랑한다는 자들이 하나님의 아들을 훼방하고 하나님이 살리신 자를 다시 죽이려고 한다! 참으로 어이없는 일이 벌어지고 있다! 그러나 이런 일은 우리 주변에서도 계속 일어나고 있다.

🧭 삶의 내비게이션(적용)

1 대제사장들과 종교 지도자들은 자신의 특권과 이권을 위협하는 예수님과 나사로를 죽이려고 모의한다. 당신의 삶과 신앙생활에서 특권(기득권이나 이권)처럼 자리 잡고 있는 모습은 무엇인가?
관찰문제 5번 참고.

2 마리아는 예수님의 발에 향유를 부음으로써 예수님의 장례를 준비하는 때에 맞는 아름다운 섬김을 실천했다. 당신이 하나님 나라와 복음을 위해 지금 이때 할 수 있는 일은 무엇인가?
관찰문제 2, 3번 참고.

....

....

....

3 가룟 유다는 마리아가 값비싼 향유를 낭비했다고 비난했지만, 마리아
는 예수님께 은혜를 입은 사람으로서 최고의 것으로 예배를 드렸다.
당신이 하나님 보시기에 선한 일을 하거나 훼방했던 일은 무엇인가?
관찰문제 4번 참고.

....

....

....

....

🌼 생활의 아로마(실천)

....

....

....

....

제3주 겸손한 왕, 예수

📝 복습

1 마리아는 잔치 때 예수님을 어떻게 섬겼으며, 그녀가 드린 선물은 무엇인가?(12:3)

a) 마리아의 섬김:

....

b) 선물:

....

요한복음 12:12-26

12:12 그 이튿날에는 명절에 온 큰 무리가 예수께서 예루살렘으로 오신다는 것을 듣고 13 종려나무 가지를 가지고 맞으러 나가 외치되

호산나 찬송하리로다

주의 이름으로 오시는 이

곧 이스라엘의 왕이시여

하더라 14 예수는 한 어린 나귀를 보고 타시니 15 이는 기록된 바

시온 딸아 두려워하지 말라 보라

너의 왕이 나귀 새끼를 타고 오신다

함과 같더라 16 제자들은 처음에 이 일을 깨닫지 못하였다가 예수께서 영광을 얻으신 후에야 이것이 예수께 대하여 기록된 것임과 사람들이 예수께 이같이 한 것임이 생각났더라 17 나사로를 무덤에서 불러내어 죽은 자 가운데서 살리실 때에 함께 있던 무리

가 증언한지라 [18] 이에 무리가 예수를 맞음은 이 표적 행하심을 들었음이러라 [19] 바리새인들이 서로 말하되 볼지어다 너희 하는 일이 쓸 데 없다 보라 온 세상이 그를 따르는도다 하니라 [20] 명절에 예배하러 올라온 사람 중에 헬라인 몇이 있는데 [21] 그들이 갈릴리 벳새다 사람 빌립에게 가서 청하여 이르되 선생이여 우리가 예수를 뵈옵고자 하나이다 하니 [22] 빌립이 안드레에게 가서 말하고 안드레와 빌립이 예수께 가서 여쭈니 [23] 예수께서 대답하여 이르시되 인자가 영광을 얻을 때가 왔도다 [24] 내가 진실로 진실로 너희에게 이르노니 한 알의 밀이 땅에 떨어져 죽지 아니하면 한 알 그대로 있고 죽으면 많은 열매를 맺느니라 [25] 자기의 생명을 사랑하는 자는 잃어버릴 것이요 이 세상에서 자기의 생명을 미워하는 자는 영생하도록 보전하리라 [26] 사람이 나를 섬기려면 나를 따르라 나 있는 곳에 나를 섬기는 자도 거기 있으리니 사람이 나를 섬기면 내 아버지께서 그를 귀히 여기시리라

🔍 말씀 돋보기(관찰)

1 예수님이 예루살렘에 입성하실 때 이용하신 이동 수단은 무엇이며, 이것을 선택하신 이유는 무엇인가?(12:14, Tip)

a) 이동 수단(14절): ....

b) 이유(Tip): ....

....

예수님이 예루살렘에 입성하실 때, 예루살렘은 유월절을 기념하기 위해 곳곳에서 올라온 순례자로 넘쳐났다. 당시 예루살렘과 주변에는 10만 명가량이 살고 있었는데, 종교 절기에는 이스라엘 각지에서 온 순례자뿐 아니라 세계 곳곳에서 온 디아스포라 순례자까지 합해 100만 명가량 되었다고 한다. 순례자 중 상당수가 예수님의 영광스러운 입성을 보고자 거리로 나왔다.

이날 예수님은 예루살렘에 입성하시면서 어린 나귀를 타셨다. 예수님이 나귀를 타고 입성하신 것은 "시온의 딸아 크게 기뻐할지어다 예루살렘의

딸아 즐거이 부를지어다 보라 네 왕이 네게 임하시나니 그는 공의로우시며 구원을 베푸시며 겸손하여서 나귀를 타시나니 나귀의 작은 것 곧 나귀 새끼니라"라는 스가랴 9:9 말씀의 성취다.

스가랴는 메시아가 나귀를 타신 이유는 겸손하기 때문이라고 한다. 예수님은 당시 유대인들이 기대하던 정복자 메시아가 아니라 고난받는 종(사 53장)으로 온 겸손한 메시아로 예루살렘에 입성하기 위해 나귀를 취하셨다. 제자들은 예수님이 나귀 새끼를 타고 입성하신 일이 의미하는 바를 깨닫지 못하다가 훗날 예수님이 십자가에서 죽으시고 부활하신 후에야 나귀를 타고 이스라엘 왕으로 오신 이 일의 의미를 비로소 깨닫는다. 팔레스타인에서 나귀는 평화로운 시대에 통치자들이 타는 짐승이었다. 전쟁과 정복의 표상이 되는 말을 타고 입성하는 왕의 모습과 대조를 이룬다.

2 사람들은 예수님의 예루살렘 입성에 어떻게 반응했는가? 그들이 외친 '호산나'는 어떤 염원을 담은 표현인가?(12:13, Tip)

a) 사람들의 반응(13절):

....

....

b) '호산나'의 의미(Tip):

....

....

예수님이 나귀를 타고 예루살렘에 입성하신 날은 일요일이다. 사람들이 펼쳐 놓은 것이 종려나무였기 때문에 오늘날 교회는 이날을 '종려주일'로 부른다. 입성하는 예수님을 환영하는 사람 중에는 소식을 듣고 예루살렘에서 종려나무 가지를 꺾어 들고 예수님을 맞으러 성 밖으로 나온 이들도 있었다. 종려나무는 장막절과 수전절에 하나님의 승리와 권세와 부활의 상징으로 사용되었다. 마태복음 21:8은 예수님이 입성하실 때 수많은 사람이 길에 겉옷을 펴고 종려나무 가지를 베어다가 펴서 그 위를 지나가게 했다고 기록한다. 이는 이방인들의 억압으로부터 해방할 메시아 왕이 오셨다며 예우를 취하는 모습이며, 그러한 메시아에게 복종하겠

다는 의미다.

그들은 메시아에 대한 소망을 담아 감격한 목소리로 크게 외쳤다. "호산나 찬송하리로다 주의 이름으로 오시는 이 곧 이스라엘의 왕이시여"(13절). '호산나'는 지금 당장 구원해 달라는 염원을 표현하는 히브리어 문구 '호시아나'(지금 구원하소서)를 반영한 것이다(시 118:25). 원래는 도움을 구하는 호소였지만, 세월이 지나면서 환호와 갈채로 사용되었다. '찬송하리로다'를 직역하면 '복되시다'라는 뜻이다. 순례자들의 외침이 예루살렘 지도자들을 한층 더 자극했다.

3 예수님이 하신 일을 증언한 자들은 누구이며, 이와 대조적으로 절망한 자들은 누구인가?(12:17–19)

a) 증언한 자들(17절):

....

....

b) 절망한 자들(19절):

....

예수님은 나귀를 타고 예루살렘에 입성하셨고, 죽은 나사로를 살리실 때 함께 있었던 무리가 그 기적에 대해 증언했다. 나사로에 관한 일을 들은 사람들은 예수님을 환영했다. 이스라엘이 오랫동안 기다리던 메시아가 드디어 오셨기 때문이다.

새로운 시대가 시작될 것이라는 기대감에 들뜬 사람들과 달리 절망하고 좌절하는 사람들도 있었다. 바리새인들이다. 사람들이 예수님을 따르는 모습을 본 바리새인들은 예수님을 음해하기 위해 자신들이 하는 모든 일이 쓸데없다며 절망했다. 그들의 노력에도 불구하고 온 세상이 예수님을 따르는 듯 보였기 때문이다. 만일 이날 이스라엘의 왕으로 오신 예수님이 로마를 상대로 반란을 일으키셨다면 이 무리는 그대로 따랐을 것이다.

4 예수님을 뵙고자 찾아온 사람들은 누구인가? 예수님이 말씀하신 '인자가 영광을 얻을 때'는 무엇을 의미하는가?(12:20, Tip)

a) 찾아온 사람들(20절):

....

b) 의미(Tip):

....

유월절 절기를 기념하기 위해 예루살렘으로 모여든 수많은 순례자 중 헬라인들도 있었다. '헬라인'은 비유대인을 뜻한다. 이 사람들은 하나님을 경외하지만 유대교는 거부하는 이방인들이다. 가버나움의 백부장(눅 7:1-10)과 고넬료(행 10장)가 이런 사람이다. 이들은 온 세상에 흩어져 있는 하나님의 자녀들과 예수님이 말씀하신 '다른 양들'을 상징한다. 예수님을 영접할 준비가 된 이방인인 것이다. 그들은 열두 제자 중 하나인 빌립에게 예수님을 뵙게 해 달라고 청했다.

그때 예수님은 인자가 영광을 얻을 때가 왔다고 하신다. 이방인들이 예수님에게 모이기 시작하는 것은 예수님이 영광을 받으실 때(십자가에서 죽으실 때)가 되었음을 알리는 신호탄이라는 뜻이다. 영광을 받으실 때가 곧 십자가에서 죽으실 때라는 것은 모순적이다. 또한 옛적부터 계신 하나님으로부터 세상에 대한 모든 권세를 받으신 인자가 십자가 죽음을 통해 그 권세를 행하시는 것도 모순적이다. 그러나 이 모순을 통해 예수님은 지금까지 유대인을 대상으로 했던 사역을 마치고 온 세상 사람을 위해 사역하실 것이다.

5 '자기 생명을 미워하는 것'은 무엇을 의미하는가? 예수님을 섬기려면 어떻게 해야 하는가?(12:25-26, Tip)

a) 의미(Tip):

....

b) 예수님을 섬기려면(26절):

....

예수님은 제자들에게 한 알의 밀이 땅에 떨어져 죽지 않으면 한 알 그대로 있지만, 씨앗이 땅에 묻혀 죽으면 많은 열매를 맺는다는 '하나님 나라의 원칙'을 가르쳐 주신다. 예수님은 며칠 후 한 알의 밀알이 되어 땅에 떨어져 죽음을 맞이하실 것이다. 다행히 죽음이 끝은 아니다. 한 알의 씨앗이 되어 죽으신 예수님은 부활해 수많은 열매를 맺으실 것이다.

또한 예수님은 제자들에게 다른 원리로 살아가라고 하신다. 누구든지 자기 생명을 사랑하는 자는 그 생명을 잃을 것이고, 반면에 누구든지 자기 생명을 미워하는 사람은 영원히 살 것이다. 이 말씀은 자기 자신을 문자적으로 미워하라는 말씀이 아니다. 자기중심적으로 살지 말고 예수님 중

심으로 살아가라는 권면이다. 예수님에 대한 사랑과 헌신이 자기 자신에
대한 사랑과 헌신보다 더 커야 한다.

그렇다면 사람이 어떻게 자기 자신보다 예수님을 더 사랑하며 살 수 있
을까? 예수님을 섬기지 않고는 불가능한 일이다. 예수님을 섬기는 사람
은 반드시 예수님을 따라야 한다. 예수님을 따르는 것은 헌신을 전제한
다. 예수님이 가르치신 삶의 방식에 따라 살려면 희생을 각오해야 하기
때문이다. 이렇게 사는 사람은 항상 주님과 함께 있다. 하늘나라에서도
예수님과 함께 있을 것이다. 하나님이 예수님을 귀하게 여기신 것처럼
예수님과 함께 있는 그를 귀하게 여기실 것이다.

삶의 내비게이션(적용)

1 예수님은 한 알의 밀알이 되어 땅에 떨어져 죽으심으로 많은 열매를
맺으셨다. 당신의 희생과 헌신을 통해 당신과 이웃이 경험한 은혜는
어떤 것이 있는가?
관찰문제 5번 참고.

2 예수님은 유대인들이 기대하던 정복자가 아니라 고난받는 종으로 오
신 겸손한 메시아다. 그러나 제자들도 이러한 예수님의 사역을 깨닫
지 못했다. 당신이 처음 예수님을 믿었을 때 예수님을 누구로 고백했
는가? 지금은 예수님을 누구로 고백하는가?
관찰문제 1번 참고.

3 예수님이 예루살렘에 입성하실 때 사람들은 '우리를 구원해 달라'라
는 염원을 담아 '호산나'를 외쳤다. 당신은 지금 무엇을 염원하고 있
으며, 무엇을 위해 기도하고 있는가?
관찰문제 2번 참고.

생활의 아로마(실천)

제4주 섬김의 교본

📝 복습

1 사람들은 예수님의 예루살렘 입성에 어떻게 반응했는가? 그들이 외친 '호산나'는 어떤 염원을 담은 표현인가?(12:13, Tip)

　　a) 사람들의 반응(13절):

　　..

　　..

　　b) '호산나'의 의미(Tip):

　　..

　　..

요한복음 13:1-20

[13:1] 유월절 전에 예수께서 자기가 세상을 떠나 아버지께로 돌아가실 때가 이른 줄 아시고 세상에 있는 자기 사람들을 사랑하시되 끝까지 사랑하시니라 [2] 마귀가 벌써 시몬의 아들 가룟 유다의 마음에 예수를 팔려는 생각을 넣었더라 [3] 저녁 먹는 중 예수는 아버지께서 모든 것을 자기 손에 맡기신 것과 또 자기가 하나님께로부터 오셨다가 하나님께로 돌아가실 것을 아시고 [4] 저녁 잡수시던 자리에서 일어나 겉옷을 벗고 수건을 가져다가 허리에 두르시고 [5] 이에 대야에 물을 떠서 제자들의 발을 씻으시고 그 두르신 수건으로 닦기를 시작하여 [6] 시몬 베드로에게 이르시니 베드로가 이르되 주여 주께서 내 발을 씻으시나이까 [7] 예수께서 대답하여 이르시되 내가 하는 것을 네가 지금은 알지 못하나 이 후에는 알리라 [8] 베드로가 이르되 내 발을 절대로 씻지 못하시

리이다 예수께서 대답하시되 내가 너를 씻어 주지 아니하면 네가 나와 상관이 없느니라 9 시몬 베드로가 이르되 주여 내 발뿐 아니라 손과 머리도 씻어 주옵소서 10 예수께서 이르시되 이미 목욕한 자는 발밖에 씻을 필요가 없느니라 온 몸이 깨끗하니라 너희가 깨끗하나 다는 아니니라 하시니 11 이는 자기를 팔 자가 누구인지 아심이라 그러므로 다는 깨끗하지 아니하다 하시니라 12 그들의 발을 씻으신 후에 옷을 입으시고 다시 앉아 그들에게 이르시되 내가 너희에게 행한 것을 너희가 아느냐 13 너희가 나를 선생이라 또는 주라 하니 너희 말이 옳도다 내가 그러하다 14 내가 주와 또는 선생이 되어 너희 발을 씻었으니 너희도 서로 발을 씻어 주는 것이 옳으니라 15 내가 너희에게 행한 것 같이 너희도 행하게 하려 하여 본을 보였노라 16 내가 진실로 진실로 너희에게 이르노니 종이 주인보다 크지 못하고 보냄을 받은 자가 보낸 자보다 크지 못하나니 17 너희가 이것을 알고 행하면 복이 있으리라 18 내가 너희 모두를 가리켜 말하는 것이 아니니라 나는 내가 택한 자들이 누구인지 앎이라 그러나 내 떡을 먹는 자가 내게 발꿈치를 들었다 한 성경을 응하게 하려는 것이니라 19 지금부터 일이 일어나기 전에 미리 너희에게 일러 둠은 일이 일어날 때에 내가 그인 줄 너희가 믿게 하려 함이로라 20 내가 진실로 진실로 너희에게 이르노니 내가 보낸 자를 영접하는 자는 나를 영접하는 것이요 나를 영접하는 자는 나를 보내신 이를 영접하는 것이니라

 ## 말씀 돋보기(관찰)

1 예수님은 유월절 전에 어떤 일이 일어날 것을 아셨는가? 때가 이른 줄 아신 예수님은 제자들을 어떻게 대하셨는가?(13:1)

a) 유월절 전에 일어날 일:

b) 제자들을 향한 태도:

 예수님은 그동안 계속 자기 때가 아니라고 하셨지만, 이번 유월절 절기 중 드디어 때가 이를 것이다. 때가 이르면 무슨 일이 일어날 것인가? 예수님이 지난 30여 년간 지내신 이 세상을 떠나 하나님 아버지께로 돌아

가실 것이다.

죄와 악이 성행하는 세상을 떠나는 일은 거룩하신 예수님에게 기쁘고 홀가분한 일이 될 수도 있지만, 정작 예수님은 많은 미련과 아쉬움으로 만감이 교차한다. 무엇보다도 이 땅에 남겨 둘 자기 사람들(제자)로 인해 마음이 무겁다. 예수님은 자기 사람들을 사랑하시되 끝까지 사랑하셨다. 죽을 각오로 사랑하셨다는 뜻이다. 성육신하신 예수님이 이 땅에 오셨을 때 그분의 백성이 주님을 영접하지 않았다는 사실을 생각하면 더욱더 감동적인 사랑이다. 예수님은 한 방향 사랑으로 우리를 끝까지 사랑하시기 때문에 우리의 죄와 실수는 우리를 향한 주님의 사랑을 방해할 수 없다.

2 가룻 유다의 계획은 무엇이며, 그를 조종하고 있는 실체는 누구인가?(13:2)

a) 계획:

....

....

b) 가룻 유다를 조종하는 실체:

....

열두 제자 중 예수님의 사랑을 거부하는 자가 있다. 바로 가룻 유다다. 그는 오히려 예수님을 팔아넘길 생각을 하고 있다. 가룻 유다는 예수님을 훼방하는 마귀의 권세를 상징한다. 예수님은 이러한 사실을 알고 계셨지만 그를 내치지 않으시고 품으셨다. 예수님이 자기 사람들을 끝까지 사랑하기 위해서는 십자가에서 죽으셔야 한다. 당시 예수님이 십자가에서 죽임당할 유일한 길은 유대인 지도자들이 예수님에게 누명을 씌우고 사람을 처형할 권한을 가진 로마 사람들을 속여 그들로 하여금 예수님을 처형하게 하는 것뿐이었다. 그러므로 가룻 유다가 이 일을 위해 예수님을 유대인들에게 팔아넘길 것이다.

가룻 유다는 예수님을 유대교 지도자들에게 팔아넘길 계획을 세우면서 자기 스스로 이런 일을 한다고 생각했을 것이다. 그러나 요한은 그가 마귀에게 이용당하고 있다고 한다. 마치 예수님이 하시는 모든 일이 하나님 아버지의 뜻에 따라 하시는 일인 것처럼 가룻 유다가 하는 일은 마귀의 뜻에 따라 하는 일이다. 가룻 유다를 조종하기 위해 마귀가 벌써 그의

마음에 예수님을 팔려는 생각을 넣었다. 가룟 유다는 나쁜 생각을 마음
에 둠으로써 마귀에게 틈을 준 탓에 이렇게 되었다. 유다의 배신으로 예
수님은 십자가에서 죽임당하고 부활하신 후에 하나님께 돌아가실 것이
다. 마귀와 가룟 유다의 역할도 하나님이 진행해 가시는 구속사의 일부
일 뿐이다.

3 유월절 식사 도중에 예수님이 하신 행동과 그것이 상징하는 바는 무
엇인가?(13:4-5, Tip)
a) 행동(5절):
....
b) 상징(Tip):
....

....

유월절 만찬이 한창 무르익어 갈 때 예수님이 자리에서 일어나 겉옷을
벗고 수건을 가져다가 허리에 두르셨다. 겉옷을 벗으시고(내려 두고) 수
건을 두르신 것(올린 것)은 예수님이 자기 생명을 내려놓았다가 다시 드
시는 것을 상징한다고 해석하는 이들도 있다. 예수님은 대야에 물을 떠
서 제자들의 발을 씻기시고 허리에 두르신 수건으로 닦아 주셨다. 당시
사람들은 손님을 맞이할 때 환영의 의미로 발을 씻어 주었다.
가나안 도로에는 먼지가 많고 사람들이 대부분 샌들을 신고 다니다 보니
남의 발을 씻어 주는 것은 역겨운 일이었다. 손님의 발을 씻기는 일은 노
예 중에서도 가장 낮은 자가 도맡아 하는 일이었으며, 유대인 노예에게
는 이런 일을 시키지 않았다. 심지어 친구 사이라 할지라도 발은 씻어 주
지 않았다. 윗사람이 아랫사람의 발을 씻어 주는 일은 수많은 고대 문헌
기록 중 이곳이 유일하다. 예수님은 당시의 사회적 관행을 깨고 있을 뿐
아니라, 하나님이 인간이 되신 것처럼 이번에는 왕이 종이 되셨다. 예수
님이 발을 씻어 주신 제자 중에는 가룟 유다도 포함되어 있다.
또한 발을 씻기는 일은 앞으로 수행해야 할 임무 및 제자들과의 관계를
준비하는 행위였다. 이는 예수님이 제자들의 발을 씻기심으로써 앞으로
십자가 죽음을 통해 그들을 섬기실 것을 상징한다. 예수님은 십자가에
서 죽으시고 부활하신 이후 제자들이 시작해야 할 일과 맺어야 할 관계

를 준비하신다. 예수님이 제자들의 발을 씻기신 일을 통해 유월절은 더는 과거의 일을 기념하는 잔치가 아니라 앞으로 하나님이 행하실 새로운 일의 시작을 알리는 잔치로 변화하고 있다.

4 예수님이 발을 씻기려 하실 때 베드로는 어떤 반응을 보였는가? 그에 대해 예수님은 뭐라고 대답하셨는가?(13:8)

a) 베드로의 반응:

....

....

b) 예수님의 대답:

....

....

베드로는 예수님이 하시는 대로 따를 수 없다며 다른 제자들의 발은 몰라도 자기 발만큼은 절대 씻기지 못하실 것이라고 강하게 부정한다. 베드로가 예수님에게 '영원히' 자기 발을 씻길 수 없다고 하는 것과 달리 예수님이 제자들의 발을 씻기시는 일이 '영원히' 효력을 발휘한다는 사실이 아이러니하다. 베드로의 반응은 겉으로 보기에는 윗사람이 아랫사람의 발을 씻기는 일은 사회 관념상 있을 수 없는 일이라는 겸손에서 비롯된 거부처럼 보인다. 그러나 예수님이 그동안 그와 쌓아 온 관계를 근거로 말씀하시는데도 거부하는 것을 보면 실상 그의 반응은 겸손을 빙자한 불신이라 할 수 있다. 그동안 예수님이 그에게 보여 주신 신실함을 생각하면 이번에도 허튼 일을 하실 분이 아니라는 것을 믿어야 했다.

베드로가 반발하자 예수님은 만일 베드로의 발을 씻길 수 없다면 그와 아무런 상관이 없다고 잘라 말씀하셨다. 예수님과 베드로는 아무 관계도 아닌 남남이 된다는 것이다. 당황한 베드로는 예수님에게 자기 발뿐 아니라 손과 머리도 씻겨 달라고 간청했다. 그러자 예수님은 이미 목욕한 자는 발밖에 씻을 필요가 없다고 하신다. 목욕한 사람의 몸은 깨끗하기 때문이다. 온몸이 깨끗하다는 것은 그동안 제자들이 예수님 안에 거하면서 자신들의 경건과 성결을 유지해 온 것을 뜻하고, 이런 사람들에게 발 씻음만 필요하다는 것은 이제부터는 예수님의 십자가를 통한 칭의(의롭게 하심)만이 필요하다는 의미다.

예수님은 제자들에게 그들이 깨끗하지만 전부는 아니라고 하신다. 바로 가룟 유다를 두고 하시는 말씀이다. 열두 제자 중 열한 명은 깨끗하지만, 예수님을 유대인들에게 팔아넘기려는 가룟 유다의 몸은 깨끗하지 않다. 그는 경건하지도 성결하지도 않다. 예수님이 이 사실을 알면서도 그의 발을 씻기신 것은 회개하라는 마지막 권면이라 할 수 있다.

5 예수님과 제자들은 어떤 관계이며, 예수님이 제자들의 발을 씻기신 이유는 무엇인가?(13:13-15)

a) 제자들과 예수님의 관계(13-14절):

....

....

b) 발을 씻기신 이유(14-15절):

....

....

예수님은 먼저 자신과 제자들의 관계를 확인하신다. 그들은 예수님을 선생님 또는 주님이라고 부른다. '선생'은 가르치는 사람이다. 유대인들은 랍비를 선생이라고 불렀다. '주'는 '선생님'이라는 의미이지만, 나중에는 부활하신 예수님이 구주이자 하나님의 아들이라는 고백도 포함한다. 칠십인역은 여호와 하나님을 부르는 호칭으로 '주'라는 단어를 사용했다. 예수님은 제자들에게 스승(선생)이시며, 그들을 하나님 나라로 인도하는 구세주이시다.

선생님이자 메시아이신 예수님이 그들의 발을 씻어 주셨으니 그들도 서로 발을 씻어 주는 것이 옳다. 예수님은 제자들이 서로에게 이렇게 하기를 바라며 본을 보여 주셨다. '본'은 모형 혹은 패턴을 뜻한다. 그러므로 제자들은 예수님이 그들의 발을 씻겨 섬기신 일을 삶의 원칙으로 삼아 그대로 따라 하면 된다. 바울은 성도들의 발을 씻어 주는 일을 섬김의 상징으로 사용한다(딤전 5:10). 주인이신 예수님이 종인 제자들의 발을 씻어 주셨으니 그들은 얼마나 더 서로의 발을 씻어 주며 섬겨야 하겠는가! 예수님은 제자들이 이러한 원리를 알고 행하면 복이 있을 것이라고 하신다. 알고 행하는 것은 곧 예수님이 그들에게 보이신 본의 의미를 이해하는 사람은 그대로 행해야 한다는 뜻이다. 아는 것은 그대로 행해야 하는 책임을 동반한다. 실천하는 책임을 다하면 그들은 복을 누릴 것이다.

🧭 삶의 내비게이션(적용)

1 예수님은 제자들이 서로의 발을 씻어 주고 섬기기를 바라며 본을 보이셨다. 당신이 낮은 자리로 내려가 다른 사람을 섬겼던 일(모습)은 무엇인가?
관찰문제 5번 참고.

2 예수님은 제자들을 끝까지 사랑하셨기에 그들을 위해 십자가에서 죽으셨다. 당신이 목숨을 걸 만큼 가장 아끼고 사랑하는 것(대상, 인물)은 무엇인가?
관찰문제 1번 참고.

3 베드로는 예수님이 자신의 발을 절대 씻기지 못할 것이라고 강하게 부정했다. 당신이 이해할 수 없지만 하나님을 믿고 기다리며 기도하고 있는 것은 무엇인가?
관찰문제 4번 참고.

생활의 아로마(실천)

제5주 길이요, 진리요, 생명이신 예수

요한복음 14:1-14

 **복습**

1 유월절 식사 도중에 예수님이 하신 행동과 그것이 상징하는 바는 무엇인가?(13:4-5, Tip)

a) 행동(5절):

b) 상징(Tip):

14:1 너희는 마음에 근심하지 말라 하나님을 믿으니 또 나를 믿으라 2 내 아버지 집에 거할 곳이 많도다 그렇지 않으면 너희에게 일렀으리라 내가 너희를 위하여 거처를 예비하러 가노니 3 가서 너희를 위하여 거처를 예비하면 내가 다시 와서 너희를 내게로 영접하여 나 있는 곳에 너희도 있게 하리라 4 내가 어디로 가는지 그 길을 너희가 아느니라 5 도마가 이르되 주여 주께서 어디로 가시는지 우리가 알지 못하거늘 그 길을 어찌 알겠사옵나이까 6 예수께서 이르시되 내가 곧 길이요 진리요 생명이니 나로 말미암지 않고는 아버지께로 올 자가 없느니라 7 너희가 나를 알았더라면 내 아버지도 알았으리로다 이제부터는 너희가 그를 알았고 또 보았느니라 8 빌립이 이르되 주여 아버지를 우리에게 보여 주옵소서 그리하면 족하겠나이다 9 예수께서 이르시되 빌립아 내가 이렇게 오래 너희와 함께 있으되 네가 나를 알지 못하느냐 나를 본 자는 아버지를 보았거늘 어찌하여 아버지를 보이라 하느냐 10 내가 아버지 안에 거하고 아버지

는 내 안에 계신 것을 네가 믿지 아니하느냐 내가 너희에게 이르는 말은 스스로 하는 것이 아니라 아버지께서 내 안에 계셔서 그의 일을 하시는 것이라 11 내가 아버지 안에 거하고 아버지께서 내 안에 계심을 믿으라 그렇지 못하겠거든 행하는 그 일로 말미암아 나를 믿으라 12 내가 진실로 진실로 너희에게 이르노니 나를 믿는 자는 내가 하는 일을 그도 할 것이요 또한 그보다 큰 일도 하리니 이는 내가 아버지께로 감이라 13 너희가 내 이름으로 무엇을 구하든지 내가 행하리니 이는 아버지로 하여금 아들로 말미암아 영광을 받으시게 하려 함이라 14 내 이름으로 무엇이든지 내게 구하면 내가 행하리라

 말씀 돋보기(관찰)

1 예수님이 십자가 죽음에 대해 말씀하시자 제자들은 어떤 감정을 느꼈는가? 예수님은 제자들에게 뭐라고 권면하셨는가?(14:1)

a) 제자들이 느낀 감정:
....

b) 예수님의 권면:
....

....

> **Tip**
>
> 예수님은 제자들에게 십자가 죽음에 대해 말씀하셨고(13:31-33), 베드로가 배신할 것이라고 예언도 하셨다(13:38). 이러한 얘기에 제자들이 많이 위축되고 불안해했다. '근심하다'는 심리적인 초조함과 혼란을 겪는 것을 뜻한다. 이런 감정을 예수님이 먼저 경험하셨고, 예수님이 겪으신 심적 갈등을 이제 제자들이 겪게 될 것이다. 그러므로 '근심하지 말라'라는 말씀은 각자 감정을 조절하고 추스르라는 권면이다.
>
> 제자들은 근심하는 대신 하나님을 믿고 또 예수님을 믿어야 한다. "하나님을 믿으니 또 나를 믿으라"에서 '믿으니…믿으라'는 둘 다 명령형으로, 예수님은 세 개의 명령문을 사용해 권면하신다. 스승이신 예수님이 십자가에서 죽더라도 근심하지 말고, 모든 것이 하나님의 뜻대로 진행되고 있다고 하신 주님의 말씀을 믿어야 한다. 근심과 두려움은 믿음의 반대

말이다. 제자들은 하나님은 물론이고 자신들을 위해서라도 근심을 믿음
으로 바꿔야 한다.

2 예수님이 하나님 아버지께로 가시는 이유와 제자들에게 주시는 약속
은 무엇인가?(14:2-3)
a) 이유:
....
b) 약속:
....

....

예수님의 떠나심은 제자들에게 복이 되는 일이다. 예수님이 그들을 떠나
하나님 아버지께 가시는 것은 그들의 거처를 마련하기 위해서다. 예수님
은 아버지의 집에 거할 곳이 많다고 하시는데, '집'은 공간적인 개념이다.
어떤 이들은 종말에 구원받은 이들이 영원히 살게 될 물리적인 공간으로
보기도 하는데, 영적인 차원에서 집은 '가족'을 상징한다. 더욱이 요한복
음에서 장소는 대부분 관계를 상징한다. 전통적인 해석은 예수님이 말씀
하시는 집을 하나님이 계시는 하늘나라로 보는 것이다.

또한 '거할 곳'은 방이다. 이 단어는 헬라어 '머물다'에서 비롯된 것이며,
문맥상 하나님 나라에 제자들의 방이 있다는 뜻이다. 예수님은 제자들의
거처를 마련하러 하늘나라로 가는 것이니 걱정하지 말고 기다리라고 하
신다. '가다'는 정해진 절차를 진행한다는 의미를 지니며, 예수님이 가시
는 길은 십자가의 죽음과 부활과 승천을 포함한다. 예수님이 가시는 영
광스러운 길의 첫 관문은 죄인들의 불의한 재판을 받고 죽으시는 일이
다. 결코 쉽지 않은 고난의 길이다.

예수님은 천국에 제자들의 거처를 마련한 후 그들을 자기가 사는 곳(천
국)으로 데려가기 위해 다시 오실 것이라고 하신다. 떠나심이 확실한 것
처럼 다시 오심도 확실하다. 그러므로 예수님의 떠나심(죽음, 부활, 승천)
이 제자들에게 안타깝고 슬픈 일만은 아니다. 예수님과 잠시 헤어졌다가
다시 만나 영원히 함께 살 소망이 있기 때문이다. 제자들을 데려가기 위
해 다시 오실 것이라는 약속은 종말론을 가장 쉽고 확실하게 설명한다.
종말은 세상이 끝날 때 시작되지만, 오늘 이 순간에도 진행되고 있다. 예

수님은 세상이 끝나는 순간 우리를 환영하기 위해 세상 끝자락에서 우리를 기다리시는 것이 아니다. 하늘나라에 거처가 준비되면 다시 오셔서 우리를 영접하시고, 우리와 함께하시며, 준비된 곳으로 우리를 인도하신다. 예수님이 세상 끝 날까지 우리와 함께하시는 것은 요한복음의 중요한 가르침 중 하나이며(cf. 15:3-10), 죽음도 이 일을 방해하지 못한다.

3 예수님은 자신을 어떻게 소개하시는가? 우리가 하나님 아버지께 갈 수 있는 길은 무엇인가?(14:6)

a) 소개:

b) 아버지께로 갈 수 있는 길:

예수님이 가시는 곳은 하늘나라이며, 가시는 길은 십자가와 부활과 승천이다. "내가 곧 길이요 진리요 생명이니 나로 말미암지 않고는 아버지께로 올 자가 없느니라"라는 예수님의 말씀은 요한복음에 등장하는 '나는 …이다' 선언 중 여섯 번째 선언이며, 요한복음의 신학을 요약하는 핵심적인 말씀이다. 길, 진리, 생명은 유대교의 가장 기본적인 세 가지 신념인데, 이 말씀에서 하나가 되었다. 예수님이 하나님 나라로 가는 유일한 길이고, 유일한 진리이며, 유일한 생명이라는 의미다. 예수님은 성육신하신 길이자 진리이자 생명이시기 때문이다.

제일 먼저 등장하는 '길'은 하나님이 계시는 하늘나라로 가는 유일한 방법을 의미한다. 예수님은 우리가 하나님께 나아가고 하나님 안에서 살 수 있는 유일한 길이다. 그 외에 다른 방법은 존재하지 않는다. '진리'는 예수님과의 인격적인 관계를 통해서 알 수 있다. 예수님은 하나님을 본 유일한 분이며(1:18), 성육신하신 예수님은 하나님의 완전한 표현이시다. 예수님이 진리라는 것은 예수님 안에서 삶의 의미와 목적을 찾아야 하며, 예수님이 우리 삶의 기준이 되셔야 한다는 뜻이다. 예수님이 '생명'이신 것은 우리 생명의 출처이며 생명을 보급해 주는 분이라는 의미다. 영생은 예수님을 아는 것이다(17:3). 예수님 안에서 삶과 죽음의 경계와 구분이 무너졌다. 모든 생명이 하나님의 생명인 것처럼 모든 진리는 하나님의 진리다. 하나님의 진리와 생명은 예수님 안에서 성육신되었다.

4 하나님 아버지를 보여 달라는 빌립에게 예수님은 뭐라고 대답하셨는가? 그렇게 말씀하신 이유는 무엇인가?(14:8-10)

a) 대답(9절):

b) 이유(10절):

> **Tip** 예수님은 자기를 알면 아버지를 알고 본 것이라고 하셨는데(7b절), 빌립은 예수님의 말씀을 믿지 못하겠다며 아버지를 보여 달라고 한다. 빌립은 아브라함과 모세와 엘리야가 본 것처럼 스펙터클한 현상을 보고 싶었던 것이다. 빌립은 아무도 하나님 아버지를 볼 수 없다는 사실을 깨닫지 못하고 있다.
>
> 예수님은 "내가 아버지 안에 거하고, 아버지는 내 안에 계신다"라는 말씀을 통해 아버지와 아들은 모든 면에서 하나라는 관계를 강조하신다. 이 말씀은 "나를 본 자는 아버지를 보았다"라는 말씀을 정당화하는 역할을 한다. 아버지가 아들 안에 거하시고 아들이 아버지 안에 거하심으로 하나가 되셨으니, 아들이 하시는 모든 말씀은 아들 안에 계신 아버지가 하시는 말씀이기도 하다. 예수님이 말씀하시고 행하신 모든 것은 아버지에 대해 표현하신 것이며, 또한 아버지가 직접 하신 일이다. 예수님은 믿든지 거부하든지 결정하라고 하신다. 그리고 말씀만으로 믿을 수 없다면 "행하는 그 일로 말미암아 나를 믿으라"라고 하신다. '그 일들'은 예수님이 행하신 표적(기적)을 의미한다. 예수님은 하나님으로부터 온 이만 할 수 있는 기적들을 행하셨다.

5 예수님이 믿는 자들에게 주시는 능력은 무엇인가? 기도 응답의 비결은 무엇인가?(14:12-14)

a) 믿는 자에게 주시는 능력(12절):

b) 기도 응답의 비결(13-14절):

 예수님은 중요한 가르침을 주실 때 '진실로 진실로'로 시작하신다. 예수님을 믿는 사람은 예수님이 하시는 일을 할 수 있다. 더 나아가 예수님보다 더 큰 일도 할 수 있다. 제자들에게 이런 능력을 주시는 것은 예수님이 아버지께 가시기 때문이다. 예수님이 떠나시더라도 하나님의 일이 계속되도록 권한을 이양하겠다는 뜻이다. 중요한 것은 예수님 안에 거할 때 이런 일을 할 수 있다는 사실이다. 예수님은 떠나시지만 성령을 통해 제자들과 함께하실 것이기에 그들은 성령을 통해 예수님 안에 거할 수 있다.

예수님은 제자들이 더 큰 일도 할 수 있게 하실 뿐 아니라 그들의 기도도 들어주실 것이다. 제자들이 그들 안에 거하시는 예수님의 이름으로 하나님께 구하면 주님이 이루실 것이다. 아버지가 아들을 통해 영광을 받으시길 원하기 때문이다. '이름'은 그 이름을 지닌 사람의 인격과 존재를 상징한다. 그러므로 예수님의 이름으로 구한다는 것은 기도하는 자가 자기 욕심대로 구하는 것이 아니다. 예수님의 인격과 생각에 따라 하나님의 능력과 뜻에 부합하게 구한다는 뜻이다. 우리가 기도한 대로 이루는 능력은 기도하는 우리에게 있는 것이 아니라 예수님께 있다.

 삶의 내비게이션(적용)

1 예수님은 하나님 나라로 가는 유일한 길이고, 유일한 진리이며, 유일한 생명이시다. 즉 예수님만이 유일한 구세주시다. 당신이 예수님을 만나기 전 구원의 길이라고 생각했던 것은 무엇인가?
관찰문제 3번 참고.

2 예수님은 예수님의 이름으로 하나님께 구하면 이루어 주겠다고 약속
하신다. 당신이 하나님께 예수님의 간구한 대로 응답받은 일이 있다
면 무엇인가?

관찰문제 5번 참고.

3 예수님은 곧 제자들의 거처를 마련하기 위해 하나님 아버지께로 가
신다. 그러므로 제자들은 근심하지 말고 믿음으로 살아야 한다. 당신
이 믿음으로 기도하면서도 근심하고 있는 일이 있다면 무엇인가?

관찰문제 1번 참고.

🌼 생활의 아로마(실천)

제6주 특권과 고난

복습

1 예수님은 자신을 어떻게 소개하시는가? 우리가 하나님 아버지께 갈 수 있는 길은 무엇인가?(14:6)

a) 소개:

b) 아버지께로 갈 수 있는 길:

[15:18] 세상이 너희를 미워하면 너희보다 먼저 나를 미워한 줄을 알라 [19] 너희가 세상에 속하였으면 세상이 자기의 것을 사랑할 것이나 너희는 세상에 속한 자가 아니요 도리어 내가 너희를 세상에서 택하였기 때문에 세상이 너희를 미워하느니라 [20] 내가 너희에게 종이 주인보다 더 크지 못하다 한 말을 기억하라 사람들이 나를 박해하였은즉 너희도 박해할 것이요 내 말을 지켰은즉 너희 말도 지킬 것이라 [21] 그러나 사람들이 내 이름으로 말미암아 이 모든 일을 너희에게 하리니 이는 나를 보내신 이를 알지 못함이라 [22] 내가 와서 그들에게 말하지 아니하였더라면 죄가 없었으려니와 지금은 그 죄를 핑계할 수 없느니라 [23] 나를 미워하는 자는 또 내 아버지를 미워하느니라 [24] 내가 아무도 못한 일을 그들 중에서 하지 아니하였더라면 그들에게 죄가 없었으려니와 지금은 그들이 나와 내 아버지를 보았고 또 미워하였도다 [25] 그러나 이는 그들의 율법에 기록된 바

그들이 이유 없이 나를 미워하였다

한 말을 응하게 하려 함이라 ²⁶ 내가 아버지께로부터 너희에게 보낼 보혜사 곧 아버지께로부터 나오시는 진리의 성령이 오실 때에 그가 나를 증언하실 것이요 ²⁷ 너희도 처음부터 나와 함께 있었으므로 증언하느니라 ^{16:1} 내가 이것을 너희에게 이름은 너희로 실족하지 않게 하려 함이니 ² 사람들이 너희를 출교할 뿐 아니라 때가 이르면 무릇 너희를 죽이는 자가 생각하기를 이것이 하나님을 섬기는 일이라 하리라 ³ 그들이 이런 일을 할 것은 아버지와 나를 알지 못함이라 ⁴ 오직 너희에게 이 말을 한 것은 너희로 그 때를 당하면 내가 너희에게 말한 이것을 기억나게 하려 함이요 처음부터 이 말을 하지 아니한 것은 내가 너희와 함께 있었음이라

말씀 돋보기(관찰)

1 세상이 미워하는 대상은 누구이며, 그 이유는 무엇인가?(15:18–19)

   a) 대상(18절):

   b) 이유(19절):

예수님은 제자들에게 세상으로부터 미움을 받게 되거든 세상이 그들보다 주님을 먼저 미워한 줄 알라고 하신다. 세상은 예수님과 제자들을 싫어하는 감정을 노골적으로 표현한다. 죄로 얼룩진 세상은 진리를 싫어한다. 또한 마귀의 영향을 받는 세상은 선보다 악을 선호한다. 그러므로 자신의 가치관과 세계관이 위협받고 있다고 생각하는 세상이 진리를 선포하고 선한 삶 살 것을 강요하는 예수님을 좋아할 리 없다. 예수님을 미워하는 세상은 예수님을 사랑하고 그분 말씀에 순종하는 그리스도인도 미워한다. 그러므로 우리가 세상으로부터 미움받는 것은 주님의 십자가를 지고 가는 일이라 할 수 있다.

예수님은 세상이 제자들을 미워하는 이유를 설명하시는데, 그들이 더는 세상에 속하지 않기 때문이다. 만일 그들이 계속 세상에 속해 있다면 세상은 그들을 세상의 일부로 생각해 사랑했을 것이다. 그러나 예수님은

그들을 세상에서 택하셨다. 그들을 세상으로부터 특별히 구별해 제자로 삼으셨다는 뜻이다. 그들의 신분이 세상과 다르다는 점을 강조하신다. 예수님을 미워하는 세상이 그리스도인을 미워하는 것은 예수님 때문이다. 우리와 세상의 관계는 예수님과 세상의 관계에 따라 결정된다. 따라서 세상이 우리를 미워하는 것을 그리스도의 고난에 동참하는 것으로 생각해야 한다. 하나님이 우리를 인정하셨기 때문에 그리스도의 고난에 동참하게 하신다. 그러므로 세상으로부터 미움받는 것은 영광스러운 일이다.

2 예수님은 14절과 20절에서 자신과 제자들의 관계를 각각 어떻게 표현하시는가?(15:20, Tip)

a) 14절(Tip): ....

b) 20절: ....

앞서 14절에서 예수님은 제자들을 '친구'라 하셨다. 우리가 예수님의 친구가 된 것은 우리 스스로 이룬 업적이 아니다. 예수님이 우리를 택하시고 친구로 삼으셨기 때문이다. 예수님은 이미 친구 관계를 맺은 사람들을 위해 생명을 내놓을 준비가 되셨다. 십자가에서 이루신 구원은 말씀에 순종하는 예수님의 친구들을 위한 것이다.

예수님이 이번에는 제자들을 '종'이라고 하신다. 예수님은 13:16에서도 자신과 제자들의 관계를 주인과 종으로 말씀하셨다. 서로 섬기는 일을 격려하기 위해 예수님의 고난에 동참할 것을 권면하며 주—종 관계로 말씀하신 것이다. 어떠한 종도 주인보다 더 크지 않다. 그러므로 주인이신 예수님을 박해한 세상이 그분의 종인 제자들까지 박해하는 것은 이상한 일이 아니라 지극히 정상적이고 당연한 일이다. 반대로 만일 세상이 예수님의 말씀을 지켰다면 제자들의 말도 지켰을 것이다. 그러나 세상이 예수님의 말씀을 지키지 않고 오히려 박해했으니 제자들의 말을 듣지 않고 그들을 박해하는 것이 당연하다. 성경 말씀을 종합해 볼 때 그리스도인의 삶에 고난이 전혀 없다면 오히려 이상하다. 세상은 그리스도인을 마치 없는 것처럼 무시해도 될 것 같은데, 왜 핍박하는 것일까? 기독교 진리가 잘못되고 비뚤어진 세계관과 가치관을 가진 세상을 불편하게 만

들기 때문이다.

3 세상이 하나님을 알지 못한다는 것은 무슨 뜻인가? 또한 세상 사람
들이 자신의 죄에 대해 핑계할 수 없는 이유는 무엇인가?(15:21−22,
Tip)

a) 뜻(Tip):

b) 이유(22절):

세상은 예수님을 사랑하는 제자들을 미워할 뿐 아니라, 주님을 이 땅에
보내신 하나님도 모른다. 그들이 모른다는 것은 아예 듣지 못했다는 뜻
이 아니라 듣고도 믿기를 거부했다는 뜻이다. 예수님을 거부하는 것은
곧 하나님을 거부하는 것이다.

만일 예수님이 세상에 오셔서 말씀하지 않으셨다면 그들은 죄가 없었을
것이다. 이 말씀은 예수님이 오시기 전에도 세상에 분명히 죄가 있었지
만, 죄라는 것을 알지 못했거나 죄로 여기지 않았다는 뜻이다. 원래 예수
님은 죄인들을 구원하러 오셨지만 예수님을 거부하는 자들에게는 그들
의 죄만 확실하게 드러내셨다. 예수님이 오셔서 사람들의 죄를 들추어내
셨기 때문에 그들은 더는 자신의 죄에 대해 핑계를 댈 수 없다. 이제 죄
는 모세가 시내산에서 전해 준 율법이 아니라 예수님의 말씀과 가르침이
정의하고 드러낸다. 그러므로 죄에 대한 심판이 이미 시작되었다고 할
수 있다.

예수님은 하나님이 보내신 분이며 하나님과 하나이시다. 그러므로 예수
님을 미워하는 자는 하나님도 미워한다. 하나님을 사랑하면 예수님을 미
워할 수 없다. 또한 하나님을 미워하면서 예수님을 사랑할 수도 없다. 세
상 사람들이 예수님이 행하신 선한 일들을 보고도 하나님을 믿지 않고
오히려 미워하는 것은 논리적으로 납득이 되지 않는다. 그러나 이것이
모든 인간이 지닌 어리석음이다. 따라서 성령이 우리의 눈으로 보게 하
고, 귀로 듣게 하고, 마음을 열어 주셔야 비로소 하나님이 주시는 구원을
받을 수 있다.

4 예수님이 보내실 분은 누구이며, 그분과 제자들이 동일하게 할 일은 무엇인가?(15:26-27)

a) 예수님이 보내실 분(26절):

b) 그분과 제자들이 할 일(26-27절):

예수님은 하나님 아버지로부터 보혜사를 보내실 것이다. 예수님이 보내시는 보혜사는 자신과 동일한 '또 다른 보혜사'다. 보혜사는 아버지께로부터 나오는 진리의 성령이시다. 예수님이 하나님으로부터 오신 것처럼 성령도 하나님으로부터 오신다는 것은 곧 아버지와 아들과 성령은 본질이 같은 삼위일체 하나님이라는 의미다.

장차 오실 보혜사는 진리의 성령이며, 예수님에 대해 증언하실 것이다. 성령은 예수님이 하나님의 아들 메시아이시며, 하나님이시며, 그분이 가르친 모든 것이 하나님으로부터 온 진리임을 확인해 주실 것이다. 보혜사는 세상이 얼마나 예수님을 잘못 대하고 있는지도 증언하실 것이다. 예수님 믿기를 거부하거나 주저하는 사람들이 믿도록 적극적으로 증언하실 것이다.

보혜사가 예수님에 대해 적극적으로 증언하시는 것처럼 제자들도 예수님에 대해 증언해야 한다. 제자들은 지난 3년 동안 예수님과 함께했다. 그들은 예수님의 가르침을 모두 들었고, 행하신 기적을 모두 보았으며, 심지어 예수님이 유대인과 갈등을 빚으신 일도 모두 지켜보았다. 그러므로 그들은 예수님의 삶과 가르침을 온 세상에 증언하고 선포하기에 가장 적합한 사람들이다. 그들이 예수님에 대해 증언하다가 혹시 난관에 부딪히게 되면 성령이 도우실 것이다.

5 때가 이르러 제자들이 받게 될 핍박의 수위는 어느 정도인가? 핍박하는 자들은 이를 어떻게 합리화하는가?(16:2)

a) 핍박의 수위:

b) 핍박자들의 합리화:

세상이 제자들에게 가할 핍박의 수위는 어느 정도일까? 예수님은 세상이 제자들을 출교하고 죽일 것이라고 하신다. 출교는 회당에서 내쫓는 것으로 출교당하면 단순히 예배에서만 배제되는 것이 아니라, 가족과 친지들과 사는 마을에서도 배척을 당했다. 초대교회 성도들은 이러한 고통과 손해를 감수하면서 예수님을 사랑했다. 예수님을 사랑하기 때문에 받는 고난과 핍박은 영광스러운 일이다. 모든 것에는 때가 있다. 예수님으로 인해 행복할 때가 있으면 고난받아야 할 때도 있다.

그리스도인을 더 힘들게 하는 것은 핍박하는 자들이 박해를 하나님을 섬기는 일로 정당화하고 합리화하는 것이다. 그들은 그리스도인을 잡아 죽이는 것이 하나님께 드리는 예배라고 생각할 것이다. 실제로 스데반이 순교할 때 사람들은 하나님을 위해 그를 죽이는 것이라고 생각했다. 그 자리에 있었던 바울도 스데반을 죽이는 일에 어떠한 양심의 가책도 느끼지 않았으며, 이후 그리스도인을 잡아 죽이는 일에 앞장서기까지 했다. 이러한 일들은 사람이 아무리 순수하고 선한 종교적 동기에서 하는 일이라 할지라도 잘못되고 죄가 될 수 있다는 것을 보여 준다.

예수님은 하나님을 섬기는 일로 십자가에서 죄인들을 위해 죽으셨다. 세상은 하나님을 섬기는 일이라며 그리스도인을 잡아 죽인다. 그러나 사실은 하나님 아버지와 아들 예수님을 알지 못해서 이런 만행을 저지른다. 그들은 하나님을 위해 예수님과 제자들을 핍박한다고 하지만, 사실은 하나님을 핍박하는 일이다. 사람이 하나님을 모르면 많은 죄는 물론이고, 자기도 모르는 사이에 하나님의 이름으로 죄를 짓는다.

삶의 내비게이션(적용)

1 예수님은 제자들과의 관계를 친구로 또는 주인과 종의 관계로 말씀하신다. 당신과 주님의 관계에서 더 마음이 끌리는 것은 무엇인가?
관찰문제 2번 참고.

....

....

2 보혜사 성령이 예수님에 대해 적극적으로 증언하시는 것처럼, 제자들도 예수님에 대해 증언해야 한다. 당신이 예수님의 좋은 증인이 되기 위해 힘써야 할 부분은 무엇인가?
관찰문제 4번 참고.

3 예수님은 제자들이 세상에 속하지 않았기 때문에 세상이 그들을 미워한다고 말씀하신다. 당신이 하나님의 기준을 따라 살기 위해 노력해야 할 부분은 무엇인가?
관찰문제 1번 참고.

생활의 아로마(실천)

제7주 성령님의 말씀 교습

요한복음 16:5-15

복습

1 예수님이 보내실 분은 누구이며, 그분과 제자들이 동일하게 할 일은 무엇인가?(15:26-27)

　　a) 예수님이 보내실 분(26절):

　　b) 그분과 제자들이 할 일(26-27절):

요한복음 16:5-15

[16:5] 지금 내가 나를 보내신 이에게로 가는데 너희 중에서 나더러 어디로 가는지 묻는 자가 없고 [6] 도리어 내가 이 말을 하므로 너희 마음에 근심이 가득하였도다 [7] 그러나 내가 너희에게 실상을 말하노니 내가 떠나가는 것이 너희에게 유익이라 내가 떠나가지 아니하면 보혜사가 너희에게로 오시지 아니할 것이요 가면 내가 그를 너희에게로 보내리니 [8] 그가 와서 죄에 대하여, 의에 대하여, 심판에 대하여 세상을 책망하시리라 [9] 죄에 대하여라 함은 그들이 나를 믿지 아니함이요 [10] 의에 대하여라 함은 내가 아버지께로 가니 너희가 다시 나를 보지 못함이요 [11] 심판에 대하여라 함은 이 세상 임금이 심판을 받았음이라 [12] 내가 아직도 너희에게 이를 것이 많으나 지금은 너희가 감당하지 못하리라 [13] 그러나 진리의 성령이 오시면 그가 너희를 모든 진리 가운데로 인도하시리니 그가 스스로 말하지 않고 오직 들은 것을 말하며 장래 일을 너희에게 알리시리라 [14] 그가 내 영광을 나타내리니 내 것을 가지고 너희에게 알리시겠음이라 [15] 무릇

아버지께 있는 것은 다 내 것이라 그러므로 내가 말하기를 그가 내 것을 가지고 너희
에게 알리시리라 하였노라

 ## 말씀 돋보기(관찰)

1 예수님이 맞이하신 '지금'은 어느 때인가? 제자들은 어떤 태도를 보
였는가?(16:5)

a) 때:

....

b) 제자들의 태도:

....

....

Tip 예수님은 앞서 제자들과 잠시 함께할 것이라고 하셨는데(13:3), 이제는
하나님 아버지께 가실 때가 '지금'이라며 그들과 함께하는 시간이 끝났
다고 하신다. '나를 보내신 이'는 하나님을 뜻하는 호칭이다.

제자 중에 예수님이 어디로 가는지 묻는 자가 없다. 그런데 앞서 베드로
가 예수님께 어디로 가시느냐고 물었고(13:36), 도마도 비슷한 질문을 한
적이 있다(14:5). 당시 베드로는 떠나신다는 예수님의 말에 충격을 받아
남아 있는 자기는 어떻게 될 것인지에 몰입해 질문했다. 그는 자신에 대
해 걱정할 뿐 정작 예수님이 어디로 가시는지는 관심이 없었다. 도마도
예수님이 어떤 경로를 통해 떠나시는지를 질문했지, 예수님의 목적지가
어디인지는 관심이 없었다.

이런 상황에서 예수님은 제자들이 정작 해야 할 질문을 하지 않는다고
하신다. 그들은 아직도 모든 것을 자기중심적으로 생각한다. 만일 그들
이 하나님의 일에 몰입했다면 예수님이 떠나신다고 했을 때 하나님께 가
시느냐고 물으며 기뻐했을 것이다. 하나님과 예수님이 하늘에서 함께 계
시게 될 것이기 때문이다.

2 예수님이 떠나시는 것이 제자들에게 유익이 되는 이유는 무엇인가?
(16:7)

 이 말씀은 예수님이 떠나지 않으면 제자들과 한 곳에만 계시지만, 떠나면 보혜사 성령을 보내 세상 모든 그리스도인과 함께하신다는 것이 핵심이다. 그러므로 예수님은 자신이 떠나는 것이 제자들에게 유익이라고 하신다. 예수님이 떠나가시는 것은 십자가와 부활과 승천을 통해 하나님께 돌아가는 것을 뜻한다. 십자가는 참으로 고통스럽고 두렵지만 반드시 지나야 하는 과정이다.

예수님이 떠나시는 것은 제자들에게 다방면으로 유익하지만, 그중 가장 큰 유익은 보혜사가 오시는 일이다. 예수님은 우리의 보혜사이시다. 그러므로 예수님이 떠나신 후 오실 보혜사는 '또 다른 보혜사'이며 하나님으로부터 나오는 진리의 성령이다. 보혜사는 예수님의 이름으로 오시며 예수님에 대해 증언하신다. 이제부터 예수님은 보혜사를 통해 제자들과 함께하신다.

3 보혜사 성령이 오셔서 하시는 일과 그 의미는 무엇인가?(16:8-11, Tip)

a) 성령의 사역(8절):

b) 죄에 대한 책망(9절, Tip):

c) 의에 대한 책망(10절, Tip):

d) 심판에 대한 책망(11절, Tip):

 보혜사가 오시면 세상의 양심에 말씀하셔서 세상의 죄와 의와 심판에 대해 책망하신다. 성령의 지적을 받아들이고 받아들이지 않고는 세상의 몫

이다. 물론 세상은 보혜사의 책망을 귀담아듣지 않을 것이다. 세상은 화인 맞은 양심을 지녔기 때문에 진리를 들을 능력이 없다.

죄에 대한 책망은 보혜사가 오셔서 예수님을 믿지 않은 죄에 대해 세상을 책망하시는 것이다. 세상이 죄 문제를 해결하려면 예수님이 필요하다. 예수님은 세상 죄를 지고 가기 위해 오신 창조주이자 구세주이기 때문이다.

보혜사는 의에 대해서도 세상을 책망하실 것이다. 본문에 나오는 의는 하나님의 의 또는 주님이 인정하시는 의가 아니라, 죄 많은 세상이 스스로 의롭게 여기며 행한 일이다. 세상은 예수님을 부인하고 십자가에 매다는 것이 '의'라고 생각했다. 성령은 세상의 의(예수님을 부인하고 십자가에서 처형한 것)가 잘못되었음을 드러내실 것이다.

또한 보혜사는 심판에 대해서도 세상을 책망하실 것이다. 세상이 예수님에게 행한 악하고 불의한 심판을 드러내실 것이다. 세상의 가장 큰 죄는 단연 예수님에 대한 불의한 심판(판결)이다.

4 진리의 성령이 하시는 역할과 가르침의 출처는 무엇인가?(16:13)

a) 역할:

b) 가르침의 출처:

보혜사는 '진리의 성령'이시다. 진리의 영은 이 세상에서 무엇이 진리이고 무엇이 진짜인지 알려 주어 제자들을 모든 진리 가운데로 인도하실 것이다. '모든 진리 가운데로'는 진리의 영역 안에 머물며 벗어나지 않는 것을 뜻한다. '인도하다'는 정보나 지식을 갖도록 돕는 일이다. 성령은 제자들로 하여금 진리를 알게 함으로써 그들이 배운 진리의 범위 안에서 살도록 도우실 것이다.

성령은 자신의 새로운 진리와 계시로 제자들을 인도하는 것이 아니라, 예수님께 들은 것들을 가르치고 말씀하신다. 성령이 제자들에게 주시는 진리와 계시는 하나님 아버지께서 아들인 예수님을 통해 이미 그들에게 주신 것이다. 예수님이 하나님께 들은 것을 가르치신 것처럼, 성령은 예수님께 들은 것을 가르치신다.

5 성령은 제자들에게 무엇을 알려 주시고, 누구의 영광을 나타내시는 가?(16:13-14)

a) 성령이 알려 주시는 일(13절):

b) 성령이 나타내시는 영광(14절):

성령은 장래 일을 제자들에게 알리실 것이다. '알리다'는 반복해서 말한다는 의미다. 한 번만 가르치는 것이 아니라 알아들을 때까지 계속 반복해 가르치실 것이다. 어떤 이들은 '장래 일'을 오순절에 성령을 통해 임할 방언으로 풀이하지만, 세상이 끝나는 날 있을 일들을 말한다. 성령이 장래 일을 알려 주시는 것은 개인사에 대한 예언이 아니라 하나님 나라의 종말과 구원에 관한 것이다. 성령은 세상이 끝나는 날까지 제자들과 함께하며 그들을 가르치고 보호하실 것이다.

성령은 자신의 영광이 아니라 예수님의 영광을 나타내실 것이다. 성령은 예수님께 들은 것을 제자들에게 알리는 일을 통해 예수님의 영광을 나타내신다. 성령의 주된 사역은 제자들이 이미 예수님께 들은 말씀을 기억나게 하는 것이다. 성령이 드러내시는 예수님의 영광은 아버지의 영광이기도 하다. 또한 성령은 예수님의 또 다른 보혜사다. 그러므로 성령은 삼위일체 하나님의 영광을 드러내신다.

삶의 내비게이션(적용)

1 예수님이 떠나신다는 말씀에 제자들의 마음은 슬프기만 하다. 당신의 삶에서 누군가를 떠나보낸 경험을 이야기해 보자.

관찰문제 1번 참고.

2 성령은 세상의 죄와 의와 심판에 대해 책망하신다. 당신의 삶에서 세상적인 가치관과 기준에 따라 사는 모습은 무엇인가?

관찰문제 3번 참고.

....

....

....

....

....

3 진리의 성령은 예수님께 들은 것을 가르침으로써 제자들이 진리 안에서 살도록 도우신다. 당신이 진리를 알기 위해 실천해야 할 것은 무엇인가?

관찰문제 4번 참고.

....

....

....

....

....

🌸 생활의 아로마(실천)

....

....

....

....

....

제8주 "하나 되게 하소서!"

 **복습**

1 진리의 성령이 하시는 역할과 가르침의 출처는 무엇인가?(16:13)
a) 역할:
b) 가르침의 출처:

요한복음 17:1-26

[17:1] 예수께서 이 말씀을 하시고 눈을 들어 하늘을 우러러 이르시되 아버지여 때가 이르렀사오니 아들을 영화롭게 하사 아들로 아버지를 영화롭게 하게 하옵소서 [2] 아버지께서 아들에게 주신 모든 사람에게 영생을 주게 하시려고 만민을 다스리는 권세를 아들에게 주셨음이로소이다 [3] 영생은 곧 유일하신 참 하나님과 그가 보내신 자 예수 그리스도를 아는 것이니이다 [4] 아버지께서 내게 하라고 주신 일을 내가 이루어 아버지를 이 세상에서 영화롭게 하였사오니 [5] 아버지여 창세 전에 내가 아버지와 함께 가졌던 영화로써 지금도 아버지와 함께 나를 영화롭게 하옵소서 [6] 세상 중에서 내게 주신 사람들에게 내가 아버지의 이름을 나타내었나이다 그들은 아버지의 것이었는데 내게 주셨으며 그들은 아버지의 말씀을 지키었나이다 [7] 지금 그들은 아버지께서 내게 주신 것이 다 아버지로부터 온 것인 줄 알았나이다 [8] 나는 아버지께서 내게 주신 말씀들을 그들에게 주었사오며 그들은 이것을 받고 내가 아버지께로부터 나온 줄을 참으로 아오며 아버지께서 나를 보내신 줄도 믿었사옵나이다 [9] 내가 그들을 위하여 비옵나니 내가 비옵는 것은 세상을 위함이 아니요 내게 주신 자들을 위함이니이다 그들은 아버

지의 것이로소이다 ¹⁰ 내 것은 다 아버지의 것이요 아버지의 것은 내 것이온데 내가 그들로 말미암아 영광을 받았나이다 ¹¹ 나는 세상에 더 있지 아니하오나 그들은 세상에 있사옵고 나는 아버지께로 가옵나니 거룩하신 아버지여 내게 주신 아버지의 이름으로 그들을 보전하사 우리와 같이 그들도 하나가 되게 하옵소서 ¹² 내가 그들과 함께 있을 때에 내게 주신 아버지의 이름으로 그들을 보전하고 지키었나이다 그 중의 하나도 멸망하지 않고 다만 멸망의 자식뿐이오니 이는 성경을 응하게 함이니이다 ¹³ 지금 내가 아버지께로 가오니 내가 세상에서 이 말을 하옵는 것은 그들로 내 기쁨을 그들 안에 충만히 가지게 하려 함이니이다 ¹⁴ 내가 아버지의 말씀을 그들에게 주었사오매 세상이 그들을 미워하였사오니 이는 내가 세상에 속하지 아니함 같이 그들도 세상에 속하지 아니함으로 인함이니이다 ¹⁵ 내가 비옵는 것은 그들을 세상에서 데려가시기를 위함이 아니요 다만 악에 빠지지 않게 보전하시기를 위함이니이다 ¹⁶ 내가 세상에 속하지 아니함 같이 그들도 세상에 속하지 아니하였사옵나이다 ¹⁷ 그들을 진리로 거룩하게 하옵소서 아버지의 말씀은 진리니이다 ¹⁸ 아버지께서 나를 세상에 보내신 것 같이 나도 그들을 세상에 보내었고 ¹⁹ 또 그들을 위하여 내가 나를 거룩하게 하오니 이는 그들도 진리로 거룩함을 얻게 하려 함이니이다 ²⁰ 내가 비옵는 것은 이 사람들만 위함이 아니요 또 그들의 말로 말미암아 나를 믿는 사람들도 위함이니 ²¹ 아버지여, 아버지께서 내 안에, 내가 아버지 안에 있는 것 같이 그들도 다 하나가 되어 우리 안에 있게 하사 세상으로 아버지께서 나를 보내신 것을 믿게 하옵소서 ²² 내게 주신 영광을 내가 그들에게 주었사오니 이는 우리가 하나가 된 것 같이 그들도 하나가 되게 하려 함이니이다 ²³ 곧 내가 그들 안에 있고 아버지께서 내 안에 계시어 그들로 온전함을 이루어 하나가 되게 하려 함은 아버지께서 나를 보내신 것과 또 나를 사랑하심 같이 그들도 사랑하신 것을 세상으로 알게 하려 함이로소이다 ²⁴ 아버지여 내게 주신 자도 나 있는 곳에 나와 함께 있어 아버지께서 창세 전부터 나를 사랑하시므로 내게 주신 나의 영광을 그들로 보게 하시기를 원하옵나이다 ²⁵ 의로우신 아버지여 세상이 아버지를 알지 못하여도 나는 아버지를 알았사옵고 그들도 아버지께서 나를 보내신 줄 알았사옵나이다 ²⁶ 내가 아버지의 이름을 그들에게 알게 하였고 또 알게 하리니 이는 나를 사랑하신 사랑이 그들 안에 있고 나도 그들 안에 있게 하려 함이니이다

 **말씀 돋보기(관찰)**

1 예수님이 아버지께 간구한 내용은 무엇이며, 어떻게 아버지를 영화
롭게 하셨는가?(17:1, 4, 8)
a) 예수님의 간구(1절):
....

....

b) 영화롭게 하신 방법(4절):
....

....

Tip 예수님은 제자들에게 여러 가지 가르침을 주신 후 하나님께 기도하신다.
예수님은 아버지께서 아들을 영화롭게 함으로써 아들로 하여금 아버지
를 영화롭게 하게 해 달라고 간구하신다. '영화롭게 하다'는 '찬양하다,
영광을 돌리다'라는 뜻이다. 십자가는 하나님의 아들을 영화롭게 하는
일이며, 아들이 하나님을 영화롭게 하는 일이다. '영화'는 이 기도문에서
가장 중요한 주제다. 이 영화는 십자가에서 새로 임하는 것이 아니라 이
미 예수님과 하나님이 가지고 계신 것을 봉헌하는 것이다.
예수님은 아버지께서 주신 일을 모두 이루어 아버지를 영화롭게 하셨다.
우리는 세부적인 종교 예식을 행하거나 광기에 가까운 열정을 표현하는
것으로는 하나님의 영광을 드러낼 수 없다. 오직 하나님이 주신 사명을
온전히 이룰 때 하나님을 영화롭게 할 수 있다. 소명을 의식하며 성실하
게 사는 것이 바로 하나님의 영광을 드러내는 삶이다.

2 영생에 대한 정의는 무엇이며, 제자들이 믿은 것은 무엇인가?(17:3, 8)
a) 영생의 정의(3절):
....

....

b) 믿음의 내용(8절):
....

....

Tip 예수님은 '영생'을 유일하신 참 하나님과 그분이 보내신 예수 그리스도를
아는 것이라고 정의하신다. '알다'는 경험하고 순종하고 사랑한다는 뜻이

다. 하나님을 아는 것은 곧 예수님의 삶과 미션에 동참하는 것이다. 아들을 부인하는 것은 곧 아버지에 대한 참 지식을 부인하는 것이다. 오직 아들을 통해서만 아버지를 알 수 있기 때문이다. 하나님 아버지께서는 예수님에게 만민을 다스리는 권세를 주셨고, 예수님은 받은 권세를 아버지께서 자기에게 주신 모든 사람에게 영생을 주는 일에 사용하신다. 하나님이 예수님을 통해 세상을 구원하고 영생을 주시는 것은 복음이자 하나님의 비전이다.

예수님은 자신이 아버지께 받은 말씀을 제자들에게 주셨다. 제자들은 예수님의 가르침을 받고 예수님이 하나님 아버지께로부터 오신 것과 아버지께서 예수님을 보내신 것을 믿었다. 믿음은 예수님이 아버지께로부터 오셨으며, 아버지께서 예수님을 보내신 것을 믿는 것이다. 사람이 이렇게 하려면 하나님 아버지를 먼저 알아야 한다. 또한 믿음이 없으면 하나님에 대해 아무것도 알 수 없다. 그러므로 믿음과 하나님 아버지를 아는 지식은 나뉠 수 없으며, 믿음은 하나님과 예수님을 아는 것이라고 정의할 수 있다.

3 예수님은 누구를 위해, 그리고 무엇을 위해 기도하시는가?(17:9-11)
a) 누구를 위해(9절):
....
b) 무엇을 위해(11절):
....

....

예수님은 세상이 아니라 제자들을 위해 간절히 기도하신다. 제자들은 하나님이 예수님에게 주신 사람들이다. 예수님은 하나님이 원하시는 대로 제자들을 가르치고 세우셨다. 또한 제자들은 아직도 아버지의 사람들이다. 제자들은 예수님을 통해 그들을 예수님에게 보내신 하나님과 관계를 유지하고 있다.

예수님은 하나님이 제자들을 보전하셔서 아버지와 아들이 하나인 것처럼 그들도 하나 되기를 바라는 마음에서 이렇게 기도하신다. 제자들을 보전해 달라는 것은 하나님이 모든 능력을 동원해 제자들을 지켜 주셔서 세상이 가하는 해를 입지 않게 해 달라는 간구다. 예수님이 제자들을 위해 이렇게 기도하시는 것은 제자들이 그들을 미워하는 세상 안에 있기 때문이다. 하나님이 보전을 멈추시는 순간 제자들은 도저히 감당할 수 없는 세상의 공격을 받게 된다. 그러므로 이 말씀은 오늘날 우리가 잘 살고 있는 것은 바로 하나님의 보호하심이 우리를 보전하고 있기 때문임을 암시한다.

4 제자들이 세상에서 미움을 받는 이유와 그들이 거룩하게 되는 길은 무엇인가? 예수님은 제자들이 어떻게 보전되기를 간구하시는가? (17:14-15, 17)

a) 미움받는 이유(14절):

b) 거룩하게 되는 길(17절):

c) 예수님의 간구(15절):

제자들이 세상으로부터 미움을 받는 이유는 그들이 예수님처럼 세상에 속하지 않았기 때문이다. 예수님은 하나님의 말씀을 제자들에게 가르치셨고, 제자들은 받은 하나님의 말씀을 사랑했다. 하나님의 말씀을 삶의 지침이자 기준으로 삼아 순종하며 살고자 노력했다는 뜻이다. 또한 앞으로도 성령이 계속 말씀을 기억나게 하고 말씀 위에 확고히 서게 하실 것이다. 세상은 하나님의 말씀을 통해 다른 가치관과 세계관으로 살아가는 그리스도인들을 멸시할 뿐 아니라 노골적으로 핍박할 것이다. 예수님이 세상에 속하지 않으신 것처럼 그리스도인도 세상에 속하지 않았기 때문이다. 하나님이 그리스도인들을 보호하지 않으시면, 그들에게 적대적인 세상에서 살아가기가 쉽지 않다.

예수님은 하나님이 제자들을 세상에서 데려가시도록 기도하지 않으신다. 다만 그들이 악에 빠지지 않게 보전하시기를 간구하신다. 이 말씀은 그리스도인의 삶이 어떠해야 하는지 정의한다. 그리스도인은 이 땅에 사는 한 세상을 떠나서 살 수 없다. 물론 세상이 우리의 거처는 아니다. 하늘나라가 우리가 거할 곳이다. 그럼에도 불구하고 우리는 세상에 있어야 한다. 하나님 나라에 입성하기 전에 이룰 사명이 있기 때문이다. 그러므로 교회는 세상에서 나오면 안 된다. 또한 세상이 교회의 일부가 되어서도 안 된다. 교회는 성령으로 충만한 하나님의 거처가 되어야 한다.

예수님은 진리인 하나님의 말씀으로 제자들을 거룩하게 해 주시길 기도하신다. 제자들의 삶이 예수님께 배운 하나님의 진리로 가득하게 되기를 바라는 기도다. '거룩하다'의 가장 기본적인 개념은 구별해 따로 세운다는 것이다. 제자들은 영으로 난 사람들이다. 하나님 나라를 대표해 세상에 있지만, 세상의 일부이거나 세상에 속하지는 않았다. 그들은 하늘나라의 대사다. 예수님이 시작하신 하나님의 미션을 제자들이 이어 나갈 것이다.

5 예수님이 원하시는 하나 됨의 범위는 어디까지이며, 그 목적은 무엇인가?(17:20, 23)

a) 범위(20절):

....

b) 목적(23절):

....

....

이제 예수님은 제자들이 전도해 세울 하나님 백성 공동체를 위해 기도하신다. 아직 만나 보지 못한 미래의 제자들을 위한 기도다. 예수님은 곧 하나님 아버지께로 떠나신다. 머지않아 제자들도 곧 떠날 것이다. 그러나 그들이 세운 교회는 세대를 이어 가며 주님이 다시 오실 때까지 세상에 있을 것이다. 예수님의 제자가 있는 곳마다 회심자가 계속 생겨 날 것이고 새로운 회심자가 있는 한 교회는 계속 유지될 것이다.

예수님은 하나님 아버지가 자기 안에, 자기가 아버지 안에 있는 것처럼 미래의 그리스도인들이 하나 되어 삼위일체 하나님 안에 있게 하시기를 기도하신다. 교회의 미션은 성도의 수가 몇 명이든 하나 되어 하나님 안에 거하는 것이다. 그러니 예수님이 교회에 바라시는 하나 됨은 균일성이 아니다. 하나님 아버지와 아들 예수님이 각자 개성이 있고 구별되면서도 하나이신 것처럼 교회에 속한 성도들 역시 각자 다른 개성을 지니면서도 목적과 사랑과 실천에는 한 몸처럼 행동하기를 원하신다.

예수님이 교회의 하나 됨을 이처럼 간절히 원하시는 것은 세상에 두 가지를 알려 주기 위해서다. 첫째, 하나님이 예수님을 보내신 것을 알게 하기 위해서다. 둘째, 하나님이 예수님을 사랑하신 것처럼 교회도 사랑하시는 것을 알게 하기 위해서다. 세상은 너무나도 많은 파편으로 나뉘어 있어 결코 하나가 될 수 없다. 그러므로 교회가 하나 되면 세상은 교회에 임한 창조주 하나님의 특별한 사랑을 의식하게 될 것이다. 세상에 하나님의 사랑을 가장 확실하게 보여 주는 것은 교회의 하나 됨이다. 교회가 하나 되면 세상은 하나님의 사랑이 아직도 교회를 통해 이 땅에 임하고 있음을 의식하게 된다. 그러므로 하나 됨을 통해 전도의 길도 열릴 것이다.

삶의 내비게이션(적용)

1 믿음은 하나님과 예수님을 아는 것이다. 당신이 하나님과 예수님을 알고 난 후 삶에서 달라진 점이 있다면 무엇인가?

관찰문제 2번 참고.

2 예수님은 아버지와 아들이 하나인 것처럼 교회에 속한 성도들 역시 하나 되기를 원하신다. 당신이 교회 공동체를 통해 누리는 유익과 감사는 무엇인가?

관찰문제 3, 5번 참고.

3 예수님은 우리를 통해 신앙이 전수되고 복음이 전파되길 원하신다. 이것의 출발점은 가정이다. 당신이 가정 내에서 신앙 전수를 위해 실천하고 있는 것은 무엇인가?

관찰문제 5번 참고.

생활의 아로마(실천)

제9주 권력과 책임

요한복음 19:1-16

 **복습**

1 예수님이 원하시는 하나 됨의 범위는 어디까지이며, 그 목적은 무엇인가?(17:20, 23)

  a) 범위(20절):

  ....

  ....

  b) 목적(23절):

  ....

  ....

[19:1] 이에 빌라도가 예수를 데려다가 채찍질하더라 [2] 군인들이 가시나무로 관을 엮어 그의 머리에 씌우고 자색 옷을 입히고 [3] 앞에 가서 이르되 유대인의 왕이여 평안할지어다 하며 손으로 때리더라 [4] 빌라도가 다시 밖에 나가 말하되 보라 이 사람을 데리고 너희에게 나오나니 이는 내가 그에게서 아무 죄도 찾지 못한 것을 너희로 알게 하려 함이로라 하더라 [5] 이에 예수께서 가시관을 쓰고 자색 옷을 입고 나오시니 빌라도가 그들에게 말하되 보라 이 사람이로다 하매 [6] 대제사장들과 아랫사람들이 예수를 보고 소리 질러 이르되 십자가에 못 박으소서 십자가에 못 박으소서 하는지라 빌라도가 이르되 너희가 친히 데려다가 십자가에 못 박으라 나는 그에게서 죄를 찾지 못하였노라 [7] 유대인들이 대답하되 우리에게 법이 있으니 그 법대로 하면 그가 당연히 죽을 것은 그가 자기를 하나님의 아들이라 함이니이다 [8] 빌라도가 이 말을 듣고 더욱 두려워하

여 ⁹ 다시 관정에 들어가서 예수께 말하되 너는 어디로부터냐 하되 예수께서 대답하여 주지 아니하시는지라 ¹⁰ 빌라도가 이르되 내게 말하지 아니하느냐 내가 너를 놓을 권한도 있고 십자가에 못 박을 권한도 있는 줄 알지 못하느냐 ¹¹ 예수께서 대답하시되 위에서 주지 아니하셨더라면 나를 해할 권한이 없었으리니 그러므로 나를 네게 넘겨준 자의 죄는 더 크다 하시니라 ¹² 이러하므로 빌라도가 예수를 놓으려고 힘썼으나 유대인들이 소리 질러 이르되 이 사람을 놓으면 가이사의 충신이 아니니이다 무릇 자기를 왕이라 하는 자는 가이사를 반역하는 것이니이다 ¹³ 빌라도가 이 말을 듣고 예수를 끌고 나가서 돌을 깐 뜰(히브리 말로 가바다)에 있는 재판석에 앉아 있더라 ¹⁴ 이 날은 유월절의 준비일이요 때는 제육시라 빌라도가 유대인들에게 이르되 보라 너희 왕이로다 ¹⁵ 그들이 소리 지르되 없이 하소서 없이 하소서 그를 십자가에 못 박게 하소서 빌라도가 이르되 내가 너희 왕을 십자가에 못 박으랴 대제사장들이 대답하되 가이사 외에는 우리에게 왕이 없나이다 하니 ¹⁶ 이에 예수를 십자가에 못 박도록 그들에게 넘겨주니라

건너뛴 장 내용 요약

18장 예수님의 잡히심(1–11절), 안나스 앞에서(12–27절), 빌라도에게
　　　재판을 받으심(28–40절)

🔍 말씀 돋보기(관찰)

1 예수님은 지금 누구에게 재판을 받고 있으며, 죄목은 무엇인가?(19:1, 3)
　　a) 예수님을 재판하는 사람(1절):
　　...
　　b) 죄목(3절):
　　...

예수님은 하나님의 백성인 유대인에게 재판을 받으시고(18:13–27), 그런 다음 이방인을 대표하는 로마인에게 재판을 받으셨다(18:28–40). 이는 증거와 자료를 근거로 한 재판이 아니라 이미 정해진 형벌을 내리기 위한 형식적인 재판이었다. 아이러니한 것은 하나님의 백성이라고 자부

하는 유대인은 하나님의 아들이신 예수님을 죽이려 하고, 하나님을 알지 못하는 이방인을 대표하는 로마인은 메시아로 오신 예수님에게 죄가 없다며 어떻게든 살리려 한다는 사실이다. 이제 예수님은 최종 판결을 남겨둔 채 빌라도 앞에서 재판을 받으신다.

빌라도는 관정으로 들어가 부하들에게 예수님을 채찍질하라고 했다. 율법은 40회 이상 채찍질하는 것을 금하지만(신 25:3; cf. 고후 11:24), 로마는 제한을 두지 않았다. 채찍은 참으로 잔인하고 인격 모독적인 벌이다. 모든 사람이 보는 앞에서 행해졌기 때문이다. 로마 사람들은 가죽으로 만든 채찍 줄에 날카로운 뼛조각을 달아 사용했는데, 날카로운 쇳조각을 단 것도 있었다. 이런 채찍으로 심하게 맞으면 살이 찢기는 것은 물론이고, 뼈가 드러나고 내장까지 흘러나왔다고 한다.

예수님을 채찍질한 로마 군인들이 가시나무로 엮은 관을 예수님 머리에 씌우고 자색 옷을 입혔다. 그들은 예수님을 '유대인의 왕'이라고 놀리면서 정작 머리에는 왕과 상관없는 시합이나 경기에서 승리한 사람에게 주는 관을 씌웠다. 자색 옷은 로마 군인들과 관료들이 입고 다니던 붉은 망토이고, 왕족들이 입고 다니던 자색 옷과는 질이 다르다. 군인들은 예수님이 최대한 우스꽝스럽게 보이도록 꾸미고 육체적으로 학대하는 데서 그치지 않고 영적으로도 학대했다. 군인들은 예수님을 '유대인의 왕'이라고 놀리면서 뺨을 때렸다. 메시아가 어리석은 죄인들의 놀림거리가 되셨다.

빌라도는 예수님을 로마를 위협하는 '유대인의 왕'이라고 생각하지 않았다. 그러나 이것은 예수님을 로마의 유대 통치를 위협하는 인물로 내몰아 처형할 수 있는 유일한 합법적 죄목이다. 빌라도는 시간이 지나면 자신이 알거나 생각한 것보다 더 많은 것을 말했다는 사실을 깨달을 것이다. 예수님은 온 인류를 구원하기 위해 하늘에서 오신 '유대인의 왕'이시기 때문이다.

2 예수님에 대한 대제사장들의 반응과 빌라도의 증언은 무엇이며, 유대인들이 고발한 예수님의 죄는 무엇인가?(19:6-7)

a) 대제사장들의 반응(6절):

b) 빌라도의 증언(6절):

c) 유대인들이 고발한 예수님의 죄(7절):

빌라도는 "예수에게는 아무런 죄가 없으며, 그는 죄를 지을 만한 사람이 못 된다"라고 말했다. 그러나 관정 밖에는 대제사장들과 그들의 아랫사람이 많았다. 그들은 예수님을 십자가에 못 박으라고 소리치며 주변 사람들을 선동했다. 빌라도는 죄 없는 예수님을 죽이라고 외치는 유대인들에게 만일 예수님을 죽이고 싶으면 직접 데려가 십자가에 못 박으라고 했다. 그에 더해 죄 없는 사람을 죽이는 것은 자기 양심이 허락하지 않는다는 취지의 말도 했다. 빌라도는 예수님의 처형에 대한 모든 책임이 유대인에게 있는 것처럼 부인했다. 그렇다고 해서 빌라도가 예수님의 죽음에 대한 책임을 회피하거나 면할 수는 없다. 교회는 사도신경("본디오 빌라도에게 고난을 받아 십자가에 못 박혀 죽으시고")을 통해 매주 그에게 예수님의 죽음에 대한 책임이 있다는 사실을 고백한다.

빌라도가 예수님에게서 어떠한 죄도 찾지 못했다고 하자 유대인들은 그들의 법대로 하면 예수님은 당연히 죽어야 한다고 말했다. 유대인의 법은 구약 율법을 뜻한다. 그들은 예수님이 자신을 두고 하나님의 아들이라고 한 것이 죽어 마땅한 죄라고 했다. 그러나 구약에 비추어 볼 때 사람을 가리켜 하나님의 아들이라고 하는 것은 죄가 아니다. 실제로 구약은 왕들을 하나님의 아들들이라고 불렀다(시 2, 45, 89, 110편). 유대인들은 구약을 모르는 빌라도에게 왜곡된 구약 해석을 근거로 예수님의 죽음을 요구하고 있는 것이다. 예수님은 하나님 아버지와 자신이 같다는 의미에서 하나님의 아들이라고 하셨다. 예수님은 자신이 하나님의 아들이라는 사실을 항상 마음에 품고 사셨다.

3 빌라도는 예수님을 살리고 죽이는 권한이 누구에게 있다고 허세를 부렸는가? 이에 대해 예수님은 뭐라고 말씀하셨는가?(19:10-11)

a) 빌라도의 허세(10절):

b) 예수님의 대답(11절):

예수님이 두려워진 빌라도는 예수님을 관정 안으로 데려오게 한 뒤 "너는 어디로부터냐?"라고 물었다. 예수님에게 사람인지 혹은 신(神)인지 질문하는 것이다. 예수님은 하늘에서 오셨다. 그러므로 빌라도에게 '나는 신이다'라고 말씀하시거나, 신들의 거처인 '하늘에서 왔다'라며 그가 알아듣게 말씀하실 수도 있다. 그러나 침묵하셨다. 이미 예수님은 18:36-37에서 자신에 대해 말씀하셨고, 빌라도에게는 예수님이 하나님인지 혹은 인간인지 판단할 자격이 없다. 설령 진실을 알게 되더라도 공정하게 판결하지 않을 것을 아신다. 게다가 불신자인 그가 오직 믿음으로만 알 수 있는 것을 묻고 있다. 그러므로 예수님은 그의 질문에 침묵하셨다.

예수님이 어떤 말씀도 하지 않자 빌라도는 무시당하고 있다고 생각했는지 예수님을 살리고 죽이는 권한이 자기에게 있다고 상기시켰다. 예수님의 유죄 여부를 판결하는 일에 자신이 절대적인 권세를 가졌음을 과시하는 말이다. 그러나 그는 잠시 후 자신의 판단이 아니라 유대인들이 원하는 대로 예수님에게 사형을 선고하는 허수아비일 뿐이다. 그는 허세를 부리고 있다.

예수님은 허세를 부리는 빌라도에게 예수님을 해할 권세를 하늘에서 주지 않으셨다면 자기를 해할 권한이 그에게 없었을 것이라고 말씀하셨다. 빌라도가 예수님을 해할 권세를 지녔기 때문이 아니라 하나님이 허락하셨기 때문이라는 것이다. 모든 것이 합하여 하나님의 역사를 이루어 가고 있다. 심지어 악한 빌라도와 유대인들마저도 하나님이 이용하고 계신다.

4 예수님이 빌라도에게 사형 선고를 받은 날과 때는 언제이며, 빌라도의 재판석이 있던 장소는 어디인가?(19:13-14)

a) 사형 선고 날과 때(14절):

b) 재판석 장소(13절):

빌라도는 예수님을 끌고 가서 돌을 깐 뜰에 있는 재판석에 앉았다. 재판석은 지역을 다스리는 자가 피고에게 형벌을 선언하는 곳이다. 빌라도가 재판석에 앉아 예수님에게 최종 판결을 선언한 것이다. 요한은 재판석이 히브리어로 '가바다'라고 하는 곳, 곧 '돌로 깐 뜰'이라는 의미를 지닌 장소에 있었다고 한다. 정확한 위치는 알 수 없지만 예루살렘 사람이라면 누구나 이름만 들으면 아는, 빌라도의 관정 앞이나 옆에 있는 돌을 깬(땅에 돌을 박아 포장한) 공간이었을 것이다.

요한은 예수님이 빌라도에게 사형 선고를 받은 날이 유월절 준비일이며, 때는 제육시였다고 기록한다. 유월절 준비일은 수요일 밤에 시작에 목요일 해 질 때 끝난다. 반면에 공관복음은 예수님이 제자들과 목요일 밤에 유월절 만찬을 하신 것으로 기록한다. 그러므로 요한이 의미하는 바는 '유월절이 있는 주의 안식일을 준비하는 날', 곧 금요일 해가 지기 전을 의미하는 것으로 해석해야 한다. 또한 19:31도 예수님이 숨을 거두신 날이 '큰(중요한) 안식일의 준비일'이었다고 한다. 이러한 전통을 근거로 우리는 예수님의 죽음이 '성금요일'에 있었다고 하는 것이다.

5 다시 한번 빌라도가 묻자 대제사장들은 어떻게 대답했는가? 빌라도는 최종적으로 어떤 판결을 내렸는가?(17:20, 23)

a) 대제사장들의 대답(15절):

....

....

b) 최종 판결(16절):

....

빌라도는 판결을 들으러 모인 유대인들에게 "보라 너희 왕이로다"라고 외쳤고, 무리는 "없이 하소서 없이 하소서 그를 십자가에 못 박게 하소서"라고 소리를 질렀다. 그들의 외침은 아랫사람이 윗사람에게 사용하지 않는 세 개의 명령문으로 되어 있다. 즉, 그들은 빌라도에게 자신들에게는 예수님 같은 왕은 없으니 당장 그를 처형하라고 명령하고 있다. 죽이라고 소리치는 유대인 무리는 그들이 예수님만 거부한다고 생각하지만 사실은 예수님을 통해 역사하신 하나님도 거역하고 있다.

빌라도는 "내가 너희 왕을 십자가에 못 박으랴?"라고 한 번 더 물었다.

그러자 대제사장들이 무리를 대표해 "가이사 외에는 우리에게 왕이 없나이다"라고 대답했다. 이날은 이스라엘이 이집트에서 해방된 일을 기념하는 유월절이다. 또한 구약은 하나님만이 그들의 왕이시라고 한다. 그런데 유대교의 가장 높은 자리에 앉은 자들이 자신은 로마 황제의 백성이라며 여호와만이 그들의 왕이라는 사실을 스스로 부인하고 있다. 대제사장들은 로마 황제에게 충성하는 자가 되었고, 하나님 백성이기를 거부하는 세상의 일부가 되었다.

빌라도는 결국 예수님을 십자가에 못 박도록 그들에게 넘겨주었다. 빌라도는 예수님을 놓아주려고 했지만, 유대인들의 반발이 너무 심해 그렇게 하지 못했다. 그는 유대인들이 계속 협박하자 어쩔 수 없이 십자가에 못 박으라며 예수님을 내주었다. 당시 사람을 사형에 처하는 것은 오직 로마 사람들만 할 수 있는 일이었다. 그러나 예수님이 십자가에서 죽게 된 일에 유대인들이 가장 중요하고 결정적인 역할을 하고 있다. 결국 빌라도는 자신의 의지를 발휘하지 못하고 유대인들에게 이용당하기만 했다.

삶의 내비게이션(적용)

1 예수님을 십자가에 못 박도록 결정적인 역할을 한 자들은 하나님의 백성인 유대인들이었다. 주변 사람들이 예수님을 보지 못하도록 당신이 실수하거나 방해가 되었던 일은 무엇인가?
관찰문제 5번 참고.

2 빌라도는 죄 없는 예수님을 살려 주려고 했지만 유대인들의 협박이 두려워 예수님을 십자가에 못 박도록 최종 결정을 내린다. 당신이 살

면서 했던 결정 중 가장 잘한 것과 후회가 남는 것은 무엇인가?
관찰문제 2, 5번 참고.

3 빌라도는 예수님을 살리고 죽이는 권한이 자기에게 있다고 허세를 부렸지만 예수님은 자기를 해할 권한은 하늘 아버지께 있다고 말씀하신다. 당신이 삶에서 잘못 사용하고 있는 권한 또는 특권은 무엇인가?
관찰문제 3번 참고.

생활의 아로마(실천)

제10주 구속사의 절정

 복습

1 예수님에 대한 대제사장들의 반응과 빌라도의 증언은 무엇이며, 유대인들이 고발한 예수님의 죄는 무엇인가?(19:6-7)

a) 대제사장들의 반응(6절):

b) 빌라도의 증언(6절):

c) 유대인들이 고발한 예수님의 죄(7절):

요한복음 19:17-30

[19:17] 그들이 예수를 맡으매 예수께서 자기의 십자가를 지시고 해골 (히브리 말로 골고다) 이라 하는 곳에 나가시니 [18] 그들이 거기서 예수를 십자가에 못 박을새 다른 두 사람도 그와 함께 좌우편에 못 박으니 예수는 가운데 있더라 [19] 빌라도가 패를 써서 십자가 위에 붙이니 나사렛 예수 유대인의 왕이라 기록되었더라 [20] 예수께서 못 박히신 곳이 성에서 가까운 고로 많은 유대인이 이 패를 읽는데 히브리와 로마와 헬라 말로 기록되었더라 [21] 유대인의 대제사장들이 빌라도에게 이르되 유대인의 왕이라 쓰지 말고 자칭 유대인의 왕이라 쓰라 하니 [22] 빌라도가 대답하되 내가 쓸 것을 썼다 하니라 [23] 군인들이 예수를 십자가에 못 박고 그의 옷을 취하여 네 깃에 나눠 각각 한 깃씩 얻

고 속옷도 취하니 이 속옷은 호지 아니하고 위에서부터 통으로 짠 것이라 ²⁴ 군인들이
서로 말하되 이것을 찢지 말고 누가 얻나 제비 뽑자 하니 이는 성경에

그들이 내 옷을 나누고

내 옷을 제비 뽑나이다

한 것을 응하게 하려 함이러라 군인들은 이런 일을 하고 ²⁵ 예수의 십자가 곁에는 그
어머니와 이모와 글로바의 아내 마리아와 막달라 마리아가 섰는지라 ²⁶ 예수께서 자
기의 어머니와 사랑하시는 제자가 곁에 서 있는 것을 보시고 자기 어머니께 말씀하시
되 여자여 보소서 아들이니이다 하시고 ²⁷ 또 그 제자에게 이르시되 보라 네 어머니라
하신대 그 때부터 그 제자가 자기 집에 모시니라 ²⁸ 그 후에 예수께서 모든 일이 이미
이루어진 줄 아시고 성경을 응하게 하려 하사 이르시되

내가 목마르다

하시니 ²⁹ 거기 신 포도주가 가득히 담긴 그릇이 있는지라 사람들이 신 포도주를 적신
해면을 우슬초에 매어 예수의 입에 대니 ³⁰ 예수께서 신 포도주를 받으신 후에 이르시
되 다 이루었다 하시고 머리를 숙이니 영혼이 떠나가시니라

 말씀 돋보기(관찰)

1 예수님은 어떤 방식으로 처형되셨으며, 형이 집행된 장소는 어디인
가? 예수님과 함께 처형된 사람은 누구인가?(19:17–18, Tip)

a) 처형 방식(18절):
....

b) 집행 장소(17절):
....

c) 함께 처형된 사람(Tip):
....

 군인들이 예수님을 형장으로 끌고 갔다. 예수님은 자신이 매달릴 십자가
의 수평 기둥을 지고 예루살렘성 밖에 있는 처형 장소로 가셨다. 형이 집
행된 장소는 히브리어(아람어)로 '골고다', 곧 '해골의 장소'라고 불리는
곳이었다. 오늘날 예루살렘의 한 중앙에 있는 성묘교회로 알려진 곳이
골고다였을 것으로 추정한다. 지금 이 교회의 지하실로 내려가면 예수님

이 묻히셨던 것으로 보이는 좁은 굴을 볼 수 있다.

범죄자를 처형하는 십자가에는 'X' 모양, 'T' 모양, '†' 모양 등 세 가지 종류가 있었다. 예수님의 경우 '나사렛 예수 유대인의 왕'이라는 죄패가 머리 위에 붙여졌다고 하는 것으로 보아 세 번째인 '†' 모양 십자가에 달리셨다. 이 모양의 십자가로 처형할 때 수직 기둥은 형을 집행할 장소에 미리 준비해 두었는데, 죄인의 발이 땅에 닿지 않도록 높이가 2m 정도 되었다. 한편 수평 기둥은 죄인이 등에 지고 형장으로 갔다. 이 기둥은 무게가 14-18㎏에 달했으며, 형장에 도착하면 수직 기둥에 조립되어 십자가를 이루었다. 로마 군인들은 예수님의 양팔을 수평 기둥에 못 박고 발목을 겹친 후 15-20㎝ 길이의 못 하나로 두 발목을 관통하게 박은 후 전체를 들어 올렸다. 십자가에 매달린 사람은 보통 2-3일에 걸쳐 매우 고통스럽게 죽어 갔다. 십자가형은 참으로 잔인한 처형 방식이었다.

예수님과 함께 처형된 사람은 강도 둘이다. 아마도 예수님 대신 풀려난 바라바의 부하들이었을 것이다(마 27:38). 예수님은 바라바가 매달려야 할 자리에 매달리신 것이다. 예수님의 양옆은 한때 야고보와 요한이 탐을 내던 자리다. 그러나 예수님이 십자가에 매달리시는 순간 주님의 양옆은 탐할 만한 영광의 자리가 아니다.

2 빌라도가 죄패에 적은 내용은 무엇이며, 이를 본 대제사장들은 빌라도에게 무엇을 요구했는가?(19:19-21)

a) **죄패에 적은 내용(19절):**
....
b) **대제사장들의 요구(21절):**
....

....

빌라도가 패에 '나사렛 예수 유대인의 왕'이라고 써서 십자가 위에 붙였다. 다윗왕의 후손으로 오신 예수님은 다윗의 고향 베들레헴에서 태어나셨다. 그러나 헤롯의 핍박을 피해 이집트로 갔다가 돌아온 후에는 나사렛에서 자라셨다. 나사렛은 나다나엘이 친구 빌립에게 나사렛에서 메시아가 나셨다는 말을 듣고 나사렛은 참으로 작고 보잘것없는 마을이라 그곳에서 메시아가 나올 리 없다며 "나사렛에서 무슨 선한 것이 날 수 있느냐?"라고 말했던 곳이다. 그러나 작은 마을 나사렛에서 메시아가 나신 일은 "그는 주 앞에서 자라나기를 연한 순 같고 마른 땅에서 나온 뿌리 같아서 고운 모양도 없고 풍채도 없은즉 우리가 보기에 흠모할 만한 아름다운 것이 없도다"라는 이사야 53:2 말씀을 실감 나게 한다.

'유대인의 왕'은 유대교 지도자들이 예수님을 고발할 때 갖다 붙인 죄목이다. 예수님이 로마와 가이사를 위협하는 죄를 지었다는 것이다. 빌라도는 예수님에게 죄가 없으며 유대인들이 꾸민 음모의 희생양이라는 것을 알아차리고 놓아주려고 했다. 그러나 로마에 사절단을 보내 빌라도가 반역자를 놓아주어 가이사에게 적대적인 판결을 했다고 고발하겠다는 유대인들의 협박에 못 이겨 예수님을 사형에 처하도록 판결했다. 이에 빌라도는 예수님의 죄목을 '유대인의 왕'이라고 적음으로써 유대인들에 대한 자신의 불편한 심기를 표현하는 동시에 예수님뿐 아니라 그를 고발한 유대인들을 함께 조롱하고 있다.

유대인의 대제사장들은 빌라도가 죄패에 적은 내용을 보고 반발했다. '유대인의 왕'이라 쓰지 말고 '자칭 유대인의 왕'이라고 쓰라는 것이다. 그들은 자신들이 예수님을 고발해 이렇게 되었다는 사실을 회피하고 싶다. 만일 빌라도가 이 요구를 들어주면 유대인들은 예수님의 죽음에 대한 어떠한 책임도 없다며 손을 씻을 것이다. 그러면 모든 것이 예수님의 자업자득이 된다. 게다가 빌라도가 '자칭'이라는 말을 더하면 거짓말이 된다. 예수님은 스스로 유대인의 왕이라고 하지 않으셨기 때문이다.

3 군인들은 예수님의 옷을 어떻게 했으며, 이는 무엇이 성취되었음을 의미하는가?(19:23-24)

a) 군인들의 행동(23-24절):

....

....

b) 성취(24절):

....

....

군인들은 예수님을 십자가에 못 박은 후 옷을 벗겨 자기들끼리 나눠 가졌다. 옷을 네 조각으로 나눠 각각 한 조각씩 가졌다는 것은 군인 네 명

이 예수님을 끌고 골고다로 왔다는 것을 의미한다. 당시 유대인의 겉옷은 벨트와 샌들과 머리 덮개(터번)를 포함한다. 그러므로 군인들이 네 조각으로 나눴다는 것은 각자 한 가지씩 가졌다는 뜻으로 해석할 수도 있다. '속옷'은 겉옷 안에 입는 몸에 직접 닿는 옷으로 위에서부터 통으로 짠 것이다.

로마 군인들이 예수님의 옷을 나눠 가지는 것은 본의 아니게 메시아에 대한 구약의 예언이 성취되고 있음을 의미한다. "그들이 내 옷을 나누고 내 옷을 제비 뽑나이다"라는 말씀은 시편 22:17-18의 일부다. 시편 22편은 왕족시이며 탄식시로 다윗이 그의 후손으로 오실 메시아에 대해 예언적으로 부른 노래다. 예수님이 못 박히신 십자가 아래에서 예수님의 물건을 약탈해 나눠 가지는 군인들마저도 하나님의 계획과 통제를 벗어나지 못한다.

4 예수님의 십자가 곁에서 슬퍼한 여인들은 누구인가? 예수님은 자기 어머니를 누구에게 소개했으며, 그는 예수님의 어머니를 어떻게 섬겼는가?(19:25-27)

a) 슬퍼한 여인들(25절):

....

b) 예수님이 어머니를 소개한 자(26절):

c) 제자의 섬김(27절):

....

예수님의 십자가 곁에서 슬퍼한 사람은 여인 네 명이다. 가장 먼저 언급되는 이는 예수님의 어머니 '마리아'다. 두 번째 여인은 예수님의 이모이자 세베대의 아들인 야고보와 요한 형제의 어머니 '살로메'다. 세 번째 여인은 글로바의 아내 '마리아'다. 글로바는 예수님의 아버지 요셉의 형제였다. 예수님의 동생 야고보의 뒤를 이어 예루살렘 교회의 우두머리가 된 사람이 글로바의 아들 시몬이었다. 마가는 그녀를 '작은 야고보와 요세의 어머니'라고 한다(막 15:40). 네 번째 여인은 막달라 마리아다. 누가는 예수님이 그녀에게서 일곱 귀신을 내쫓으셨다고 한다. 이후 막달라 마리아는 일편단심으로 예수님과 제자들을 따르며 섬기는 삶을 살았다. 초대교회에 가장 잘 알려진 여성 제자라 할 수 있으며, 사도들에게 사도 역할을 했다. 요한복음에서 처음 모습을 보이지만 잠시 후 부활 이야기에서 중요한 역할을 한다.

예수님은 어머니와 사랑하시는 제자가 곁에 서 있는 것을 보시고 어머니에게 "여자여 보소서 아들이니이다"라고 말씀하셨다. '여자여'라는 단어는 오늘날 영어로 '마담' 정도 되며, 우리말로는 '부인'에 가까운 존칭의 의미를 담고 있다. 이는 결코 무례한 표현이 아니며, 공손하면서도 어느 정도의 거리감을 유지하는 호칭으로 보인다.

'사랑하시는 제자'는 저자 요한이 거의 확실하다. 예수님이 어머니를 사랑하는 제자에게, 또한 제자를 어머니에게 소개하며 "보라 네 어머니라"라고 말씀하셨다. 이에 예수님의 말씀을 들은 '사랑하시는 제자'는 자기 집으로 어머니 마리아를 모셨다. 예수님은 왜 친형제들에게 어머니를 부탁하지 않고 사랑하는 제자에게 부탁하셨을까? 아마도 형제들은 아직 예수님을 믿지 않기 때문에 그 자리에 없었을 것이다.

5 예수님이 성경을 응하게 하려고 하신 말씀과 숨을 거두시기 직전에 하신 말씀은 무엇인가?(19:28-30)

a) 성경을 응하게 하려고 하신 말씀(28절):
....
b) 숨을 거두시기 직전에 하신 말씀(30절):
....

이 섹션의 핵심 주제는 구약 말씀의 성취(실현)다. 28-30절에는 '이루다', '응하다' 등 말씀이 성취되었음을 알리는 동사가 세 차례나 사용된다. 예수님은 자신의 죽음을 통해 이 땅에서 이루고자 하신 모든 일, 곧 아버지께서 맡기신 일을 하나도 남김없이 모두 이루었다는 사실을 아셨다. 또한 성경을 응하게 하려고 "내가 목마르다"라고 하셨다. 대부분 학자는 예수님이 한 번 더 구약 말씀을 이루기 위해 이렇게 말씀하신 것으로 해석한다.

또한 예수님은 30절에서 한 번 더 "다 이루었다"라고 하신다. 이러한 선언은 희생된 이의 절망적인 외침이 아니다. 승리했다는 선언이다. 십자가에 매달려 희생되신 예수님이 승리하셨다. "머리를 숙이니 영혼이 떠나가시니라"의 주어는 예수님이다. 이 문장을 직역하면 '영을 넘겨주셨다'이다. 예수님은 숨을 거두시는 순간까지 모든 것을 스스로 주관하셨다. 상황에 끌려가신 것이 아니라 상황을 주도하신 것이다. 고개를 숙인 것은 하나님께 모든 것을 맡기셨음을 의미한다.

삶의 내비게이션(적용)

1 예수님의 십자가 곁을 지킨 사람은 요한과 네 명의 여인이었다. 누군가 어려움을 당했을 때 당신이 끝까지 곁을 지켜 주었던 경험을 이야기해 본다.
관찰문제 4번 참고.

2 예수님은 자신의 십자가 죽음이 구약의 예언을 모두 이루신 일임을 강조하신다. 모두 다 하나님의 계획대로 실현되었다. 당신이 현재나 미래 일에 대해 불안해하는 부분은 무엇인가?
관찰문제 3, 5번 참고.

3 예수님이 십자가에 죽으실 때 양옆에 강도 두 사람이 함께 매달렸다. 한때 야고보와 요한은 예수님의 양옆을 탐냈다. 당신이 직장이나 교회

에서 현재 맡은 자리는 무엇이고, 앞으로 서고 싶은 자리는 무엇인가?
관찰문제 1번 참고.

🌸 생활의 아로마(실천)

제11주 부활: 절망에서 소망으로!

요한복음 20:1-18

복습

1 예수님이 성경을 응하게 하려고 하신 말씀과 숨을 거두시기 직전에
하신 말씀은 무엇인가?(19:28-30)
a) 성경을 응하게 하려고 하신 말씀(28절):
b) 숨을 거두시기 직전에 하신 말씀(30절):

[20:1] 안식 후 첫날 일찍이 아직 어두울 때에 막달라 마리아가 무덤에 와서 돌이 무덤에서 옮겨진 것을 보고 [2] 시몬 베드로와 예수께서 사랑하시던 그 다른 제자에게 달려가서 말하되 사람들이 주님을 무덤에서 가져다가 어디 두었는지 우리가 알지 못하겠다 하니 [3] 베드로와 그 다른 제자가 나가서 무덤으로 갈새 [4] 둘이 같이 달음질하더니 그 다른 제자가 베드로보다 더 빨리 달려가서 먼저 무덤에 이르러 [5] 구부려 세마포 놓인 것을 보았으나 들어가지는 아니하였더니 [6] 시몬 베드로는 따라와서 무덤에 들어가 보니 세마포가 놓였고 [7] 또 머리를 쌌던 수건은 세마포와 함께 놓이지 않고 딴 곳에 쌌던 대로 놓여 있더라 [8] 그 때에야 무덤에 먼저 갔던 그 다른 제자도 들어가 보고 믿더라 [9] (그들은 성경에 그가 죽은 자 가운데서 다시 살아나야 하리라 하신 말씀을 아직 알지 못하더라) [10] 이에 두 제자가 자기들의 집으로 돌아가니라 [11] 마리아는 무덤 밖에 서서 울고 있더니 울면서 구부려 무덤 안을 들여다보니 [12] 흰 옷 입은 두 천사가 예수의 시체 뉘었던 곳에 하나는 머리 편에, 하나는 발 편에 앉았더라 [13] 천사들이 이르되

여자여 어찌하여 우느냐 이르되 사람들이 내 주님을 옮겨다가 어디 두었는지 내가 알지 못함이니이다 [14] 이 말을 하고 뒤로 돌이켜 예수께서 서 계신 것을 보았으나 예수이신 줄은 알지 못하더라 [15] 예수께서 이르시되 여자여 어찌하여 울며 누구를 찾느냐 하시니 마리아는 그가 동산지기인 줄 알고 이르되 주여 당신이 옮겼거든 어디 두었는지 내게 이르소서 그리하면 내가 가져가리이다 [16] 예수께서 마리아야 하시거늘 마리아가 돌이켜 히브리 말로 랍오니 하니 (이는 선생님이라는 말이라) [17] 예수께서 이르시되 나를 붙들지 말라 내가 아직 아버지께로 올라가지 아니하였노라 너는 내 형제들에게 가서 이르되 내가 내 아버지 곧 너희 아버지, 내 하나님 곧 너희 하나님께로 올라간다 하라 하시니 [18] 막달라 마리아가 가서 제자들에게 내가 주를 보았다 하고 또 주께서 자기에게 이렇게 말씀하셨다 이르니라

 말씀 돋보기(관찰)

1 예수님의 무덤을 찾아온 여인들은 누구이며, 그들이 제자들에게 전한 소식은 무엇인가?(20:1-2, Tip)

a) 무덤을 찾아온 여인들(1절, Tip):
....

b) 제자들에게 전한 소식(2절):
....

 안식 후 첫날인 일요일이 되었다. 막달라 마리아가 아직 어두운 새벽에 예수님의 무덤을 찾았다. 그녀는 예수님이 십자가에서 숨을 거두실 때도 옆에 있었다. 막달라 마리아는 예수님의 죽음과 부활을 직접 목격한 산 증인이다. 본문은 막달라 마리아가 혼자 무덤에 간 것처럼 말하지만, 그녀가 자신이 목격한 것을 제자들에게 전할 때 '우리'를 언급한 것으로 보아 다른 여인들도 함께 갔다. 마태는 그녀가 야고보의 어머니 마리아와 함께 갔다고 하며(마 28:1), 마가는 살로메도 함께 갔다고 전한다(막 16:1). 여인들은 돌이 무덤에서 옮겨진 것을 보고 시몬 베드로와 예수님이 사랑

하시던 제자에게 가서 열려 있는 무덤에 관해 말했다. 여인들은 무덤 안을 들여다보고 예수님의 시신이 없다는 사실을 확인한 후 제자들에게 알렸다. 여인들은 '사람들'이 예수님을 무덤에서 가져갔다고 하는데, 유대인들을 의심하는 것이다. 유대인들은 예수님의 재판이 진행되는 내내 불평했고, 예수님의 다리를 부러뜨려 빨리 죽게 할 것을 요구했다. 아리마대 요셉과 주님의 제자들도 그들을 두려워했다.

2 여인들의 말을 듣고 무덤으로 달려간 제자들은 누구인가? 그들은 무덤 안에서 무엇을 보았으며, 이는 어떤 사실의 증거가 되는가?(20:3, 6-7, Tip)

a) 무덤으로 달려간 제자들(3절):
....
b) 무덤 안에서 본 것(6-7절):
....

....
c) 증거(Tip):
....

여인들의 말을 들은 베드로와 요한이 곧바로 무덤으로 달려갔다. 요한이 먼저 무덤에 도착했지만 무덤 안으로 들어가지는 않고 베드로가 도착하기를 기다렸다. 수제자인 베드로가 먼저 들어가 확인하도록 배려한 것으로 보인다. 이윽고 무덤에 도착한 베드로가 주저하지 않고 무덤 안으로 들어갔다. 이 모습은 두 사람의 성품이 반영된 것으로 보인다. 베드로는 깊이 생각하지 않고 행동하는 사람이지만 반면에 요한은 모든 일에 신중한 사람이다.

둘은 무덤 안에 세마포가 놓인 것을 보았다. 또한 머리를 쌌던 수건도 보았는데, 세마포와 함께 놓여 있지 않고 다른 곳에 쌌던 대로 놓여 있었다. '머리를 쌌던 수건'은 시신을 덮어 두었던 수의의 일부다. 쌌던 대로 놓여 있었다는 것은 시신의 머리를 덮기 전과 같이 정돈된 모습으로 놓여 있었다는 뜻이다. 부활하신 주님이 수건을 가지런히 접어 한쪽에 두고, 몸을 감싸고 있던 세마포를 풀어 이것도 가지런히 접어 시신이 안치되었던 곳에 놓아두신 것이다. 이는 예수님이 죽음을 이기고 부활하셨다는 증거다.

3 여인들은 무덤 안에서 누구를 보았으며, 그들은 각각 어디에 앉아 있 었는가?(20:11-12)

a) 무덤 안에서 본 자(12절):

b) 그들이 앉아 있던 곳(12절):

> **Tip** 여인들이 무덤 안을 들여다보니 예수님의 시신이 뉘었던 곳에 흰옷 입은 두 천사가 하나는 예수님의 머리가 놓였던 곳에, 다른 하나는 발이 놓였 던 곳에 앉아 있었다. 천사들이 예수님의 시신이 뉘었던 곳에 앉아 있다 는 것은 도둑이 주님의 시신을 훔쳐 간 것이 아니라는 또 하나의 증거다. 하나님이 예수님의 시신에 무언가 특별한 일을 하셨다.
>
> 그런데 천사들은 어찌 예수님의 머리와 발이 있던 곳에 앉아 마치 주님 의 온몸을 떠받들고 있는 듯한 느낌을 주는가? 성전에서 가장 중요한 기 구이며 유일하게 지성소에 놓여 있는 법궤의 뚜껑은 하나님이 앉아 계신 은혜의 보좌(시은좌, 속제소)다. 이 보좌는 두 천사가 양쪽에서 날개를 펼 쳐 맞닿는 곳에 있으며, 사람의 눈에는 보이지 않는다. 매년 속죄일에 대 제사장은 이 보이지 않는 하나님의 보좌 앞에 짐승의 피를 뿌려 지난 1년 동안 쌓인 하나님 백성의 죄를 사해 주시길 구했다. 천사들은 부활하신 예수님의 머리와 발이 있던 곳에 앉아 주님의 보좌를 떠받들고 있다. 이 는 죄 사함이 더는 성전을 통해 이뤄지지 않고 부활하신 예수님을 통해 이뤄짐을 의미한다. 부활하신 예수님이 성전과 법궤를 대체하셨기 때문 이다.

4 부활하신 예수님이 나타나셔서 마리아에게 금하신 것과 그 이유는 무엇인가?(20:17, Tip)

a) 금하신 것(17절):

b) 이유(Tip):

마리아는 자기 앞에 서 계신 분이 예수님이라는 사실을 깨닫지 못했다. 그렇게 뵙기를 사모한 예수님이 나타나셨지만 정작 주님을 알아보지 못한다! 이런 일이 가능한 것은 씨앗과 그 씨앗에서 싹이 튼 줄기가 다르듯이 살아 있을 때 모습과 죽은 후 부활한 모습이 다르기 때문이다. 오늘날 우리가 지닌 몸은 장차 얻게 될 부활한 몸의 씨앗일 뿐 동일하지 않다. 그러므로 부활하신 예수님이 평소 주님의 모습을 알던 사람들의 눈을 뜨게 해 주셔야 알아볼 수 있다.

예수님은 부드럽고 따뜻한 목소리로 혼란스러워하는 마리아의 이름을 부르셨다. 마리아는 그때야 비로소 자기 앞에 서 계신 분이 예수님이라는 것을 깨달았다. 예수님은 마리아에게 "나를 붙들지 말라 내가 아직 아버지께로 올라가지 아니하였노라"라고 하시는데, 이 말씀은 해석하기 어려운 신약 말씀 중 하나다. 예수님은 잠시 후 도마에게 주님의 몸을 만지라고 하신다. 또한 마리아는 빈 무덤을 목격하고 천사들이 알려 준 예수님의 부활의 소식을 듣고 제자들에게 알리러 가는 길에 예수님을 만나 주님의 발을 붙잡고 경배했다. 그러므로 예수님이 신체적인 접촉을 금하기 위해 하신 말씀은 아니다.

그렇다면 어떤 의도로 붙들지 말라고 하시는가? 예수님은 그동안 불의한 재판과 억울한 십자가와 찬란한 부활을 모두 겪으셨다. 이제 유일하게 남은 일은 오신 곳으로 다시 돌아가는 일, 곧 승천이다. 예수님은 죽음이 상징하는 과거에 집착하는 마리아가 새롭고 변화된 관점으로 살아가기를 원하신다. 더는 무덤에서 찾으려 했던 슬픈 일로 아파하지 말고, 부활하신 주님을 만났으니 이제부터는 기뻐하며 살아가도록 변화를 요구하시는 것이다. 그렇다면 마리아는 부활의 기쁨을 마음속에 간직하고서 계속 기뻐하며 살 수 있을까? 충분히 가능하다. 잠시 후 예수님이 마리아와 우리 모두에게 성령을 주실 것이기 때문이다. 그리스도인은 성령 안에서 항상 기뻐하며 살 수 있다.

5 예수님이 마리아에게 전하라고 하신 말씀은 무엇이며, 주님은 제자들을 어떻게 부르시는가?(20:17)

a) 말씀:

예수님은 마리아에게 자기 형제들에게 가서 "내 아버지 곧 너희 아버지, 내 하나님 곧 너희 하나님께로 올라간다"라고 전하게 하셨다. '형제들'은 모든 남녀 제자를 칭하는 말이다. 이때까지 요한복음에서 '형제'는 혈육 관계에만 적용되었으며, 이곳에서 처음으로 제자들이 '형제'로 불린다. 제자들은 예수님처럼 하나님의 자녀가 되었다. 물론 예수님과 하나님의 관계와 동일하지는 않지만, 예전에는 하나님-백성 관계였다면 이제부터는 아버지-자녀 관계가 될 것이다. 예수님은 제자들을 고아처럼 버려두지 않겠다고 하신 약속을 지키셨다. 예수님의 죽음과 부활이 이루신 일이다.

예수님은 아버지께로 올라가 제자들이 머물 거처를 마련하고 다시 오실 것이다. 오실 때는 '또 다른 보혜사'로 오셔서 영원토록 그들과 함께하실 것이다. 오순절 때 마가의 다락방에 임하신 성령은 예수님이 보내신 선물이자 예수님 자신이다. 예수님은 자신을 우리와 영원히 함께하는 성령으로 주셨다.

막달라 마리아는 예수님이 명령하신 대로 제자들을 찾아가 예수님을 보았다고 알렸다. 예수님이 그녀에게 하신 말씀을 모두 전했다. 마리아는 예수님이 십자가에서 죽으실 때 곁에 있었고, 가장 먼저 빈 무덤을 보았으며, 제자 중 처음으로 부활하신 예수님을 만나 말씀을 나누었다. 그녀는 진정한 의미에서 사도들에게 사도가 되었다.

 ## 삶의 내비게이션(적용)

1 성경은 예수님이 부활하셨다는 사실을 증언하고 진리를 선포한다. 당신이 예수님을 믿기 전에 가장 받아들이기 힘들었던 기독교 진리는 무엇인가?

관찰문제 2, 4번 참고.

2 예수님은 제자들을 '내 형제'라고 부르시며 그들이 하나님과 아버지-
자녀의 관계가 되었음을 말씀하신다. 당신이 하나님의 자녀라는 사
실이 위로와 힘이 되는 때는 언제인가?
관찰문제 5번 참고.

3 예수님은 부활의 주님을 만난 제자들이 이제부터 기뻐하며 살아가도
록 변화를 요구하신다. 예수님의 부활을 믿기 때문에 당신의 삶에서
달라져야 할 태도(가치관)는 무엇인가?
관찰문제 4번 참고.

생활의 아로마(실천)

....

....

....

제12주 사랑의 리셋

복습

1 여인들의 말을 듣고 무덤으로 달려간 제자들은 누구인가? 그들은 무덤 안에서 무엇을 보았으며, 이는 어떤 사실의 증거가 되는가?(20:3, 6-7, Tip)

a) 무덤으로 달려간 제자들(3절):

b) 무덤 안에서 본 것(6-7절):

c) 증거(Tip):

요한복음 21:1-25

21:1 그 후에 예수께서 디베랴 호수에서 또 제자들에게 자기를 나타내셨으니 나타내신 일은 이러하니라 2 시몬 베드로와 디두모라 하는 도마와 갈릴리 가나 사람 나다나엘과 세베대의 아들들과 또 다른 제자 둘이 함께 있더니 3 시몬 베드로가 나는 물고기 잡으러 가노라 하니 그들이 우리도 함께 가겠다 하고 나가서 배에 올랐으나 그 날 밤에 아무 것도 잡지 못하였더니 4 날이 새어갈 때에 예수께서 바닷가에 서셨으나 제자들이 예수이신 줄 알지 못하는지라 5 예수께서 이르시되 얘들아 너희에게 고기가 있느냐 대답하되 없나이다 6 이르시되 그물을 배 오른편에 던지라 그리하면 잡으리라 하시니 이에 던졌더니 물고기가 많아 그물을 들 수 없더라 7 예수께서 사랑하시는 그 제자가 베드로에게 이르되 주님이시라 하니 시몬 베드로가 벗고 있다가 주님이라 하

는 말을 듣고 겉옷을 두른 후에 바다로 뛰어 내리더라 8 다른 제자들은 육지에서 거리가 불과 한 오십 칸쯤 되므로 작은 배를 타고 물고기 든 그물을 끌고 와서 9 육지에 올라보니 숯불이 있는데 그 위에 생선이 놓였고 떡도 있더라 10 예수께서 이르시되 지금 잡은 생선을 좀 가져오라 하시니 11 시몬 베드로가 올라가서 그물을 육지에 끌어 올리니 가득히 찬 큰 물고기가 백쉰세 마리라 이같이 많으나 그물이 찢어지지 아니하였더라 12 예수께서 이르시되 와서 조반을 먹으라 하시니 제자들이 주님이신 줄 아는 고로 당신이 누구냐 감히 묻는 자가 없더라 13 예수께서 가셔서 떡을 가져다가 그들에게 주시고 생선도 그와 같이 하시니라 14 이것은 예수께서 죽은 자 가운데서 살아나신 후에 세 번째로 제자들에게 나타나신 것이라 15 그들이 조반 먹은 후에 예수께서 시몬 베드로에게 이르시되 요한의 아들 시몬아 네가 이 사람들보다 나를 더 사랑하느냐 하시니 이르되 주님 그러하나이다 내가 주님을 사랑하는 줄 주님께서 아시나이다 이르시되 내 어린 양을 먹이라 하시고 16 또 두 번째 이르시되 요한의 아들 시몬아 네가 나를 사랑하느냐 하시니 이르되 주님 그러하나이다 내가 주님을 사랑하는 줄 주님께서 아시나이다 이르시되 내 양을 치라 하시고 17 세 번째 이르시되 요한의 아들 시몬아 네가 나를 사랑하느냐 하시니 주께서 세 번째 네가 나를 사랑하느냐 하시므로 베드로가 근심하여 이르되 주님 모든 것을 아시오매 내가 주님을 사랑하는 줄을 주님께서 아시나이다 예수께서 이르시되 내 양을 먹이라 18 내가 진실로 진실로 네게 이르노니 네가 젊어서는 스스로 띠 띠고 원하는 곳으로 다녔거니와 늙어서는 네 팔을 벌리리니 남이 네게 띠 띠우고 원하지 아니하는 곳으로 데려가리라 19 이 말씀을 하심은 베드로가 어떠한 죽음으로 하나님께 영광을 돌릴 것을 가리키심이러라 이 말씀을 하시고 베드로에게 이르시되 나를 따르라 하시니 20 베드로가 돌이켜 예수께서 사랑하시는 그 제자가 따르는 것을 보니 그는 만찬석에서 예수의 품에 의지하여 주님 주님을 파는 자가 누구오니이까 묻던 자더라 21 이에 베드로가 그를 보고 예수께 여짜오되 주님 이 사람은 어떻게 되겠사옵나이까 22 예수께서 이르시되 내가 올 때까지 그를 머물게 하고자 할지라도 네게 무슨 상관이냐 너는 나를 따르라 하시더라 23 이 말씀이 형제들에게 나가서 그 제자는 죽지 아니하겠다 하였으나 예수의 말씀은 그가 죽지 않겠다 하신 것이 아니라 내가 올 때까지 그를 머물게 하고자 할지라도 네게 무슨 상관이냐 하신 것이러라 24 이 일들을 증언하고 이 일들을 기록한 제자가 이 사람이라 우리는 그의 증언이 참된 줄 아노라 25 예수께서 행하신 일이 이 외에도 많으니 만일 낱낱이 기록된다면 이 세상이라도 이 기록된 책을 두기에 부족할 줄 아노라

 **말씀 돋보기(관찰)**

1 밤새 고기를 한 마리도 잡지 못한 제자들에게 예수님이 하신 말씀은 무엇인가? 그때 어떤 기적이 일어났으며, 잡힌 물고기는 모두 몇 마리인가?(21:6, 11)

a) 예수님의 말씀(6절):
....
....

b) 기적(6절):
....
....

c) 물고기 수(11절):
....

Tip 제자들이 밤새 그물을 내렸지만 물고기를 한 마리도 잡지 못하고 새벽을 맞이할 때 예수님이 오셔서 바닷가에 서 계셨다. 예수님은 그들에게 그물을 배 오른편에 던지라고 하시며, 그렇게 하면 고기를 잡을 것이라는 말씀을 덧붙이셨다. 제자들은 예수님의 조언에 따라 그물을 던졌고, 그물을 들 수 없을 정도로 많은 물고기를 잡았다. 이 이야기에서 물고기를 잡는 일은 이슈가 아니다. 이슈는 그들이 의식하든 의식하지 못하든 예수님이 그곳에 함께 계신다는 것이다. 앞으로 그들이 전도해 제자들을 세워 나갈 때도 마찬가지일 것이다. 그들은 항상 예수님이 함께하시는 제자들을 세워야 한다.

잡은 물고기가 너무 많아 배 안으로 올리지 못한 그물을 육지로 끌어올리니 그 안에 물고기가 153마리나 있었다. 요한은 '가득히 찬 큰 물고기', '백쉰세 마리', '이같이 많으나' 등 물고기의 양이 엄청나게 많았음을 세 차례나 강조한다. 잡힌 물고기의 수가 153마리라는 것에 대한 다양한 해석이 있지만, 실제 잡힌 물고기의 수로 보는 것이 가장 설득력이 있다. 여기에 그물 안에 여러 종류의 다양한 물고기가 있는 것처럼 교회에도 다양한 인종과 종족이 있어야 한다는 해석을 더하면 균형이 맞추어지는 듯하다.

이제부터 제자들은 물고기가 아닌 사람을 낚는 어부가 되어야 한다. 예수님이 제자들에게 사명으로 주신 '어업'은 과거에 그들이 하던 '어업'과

질적으로 다르다. 제자들은 잡은 물고기를 사람들의 식탁에 오르게 했지만, 예수님은 이제 그들이 사람들을 죄와 하나님의 진노에서 구하는 어업을 하길 원하신다. 제자들이 하던 물고기를 잡는 어업은 죽이는 것이었고, 예수님이 그들에게 맡기신 사람을 낚는 어업은 살리는 것이다.

2 예수님이 굶주린 제자들을 위해 준비하신 것은 무엇인가? 이 일은 부활하신 주님이 제자들에게 몇 번째로 나타나신 사건인가?(21:12-14)
a) 준비하신 것(12절):

....

b) 나타나신 차례(14절):

....

밤새도록 일한 제자들의 허기를 달랠 준비가 모두 끝나자 예수님은 제자들을 불러 조반을 먹으라고 하셨다. 분명히 옛 모습을 어느 정도 지니셨지만 새로운·모습도 많이 지니셨기에 제자들은 예수님을 쉽게 알아보지 못했다. 막달라 마리아도 예수님을 곧바로 알아보지 못했고, 엠마오로 가던 제자들은 한참 동안 예수님을 알아보지 못했다. 그러나 식사하던 제자들은 본능적으로 예수님을 알아보았다. 예수님은 제자들에게 떡을 가져다주시고 생선도 가져다주셨다. 떡과 생선은 예수님이 준비하셨지만, 자신을 위한 것이 아니라 제자들을 위한 것이다. 예수님의 사역이 사람들에게 기쁨을 주는 음식(포도주)을 주신 것으로 시작되어, 제자들에게 음식(조찬)을 주시는 것으로 끝나고 있다. 우리도 예수님처럼 계속 베풀고 주어야 한다.

부활하신 예수님이 디베랴 호수에서 고기를 잡고 있는 제자들을 찾아오신 일은 부활하신 후 세 번째로 제자들에게 나타나신 일이다. 맨 처음 빈 무덤 앞에 서 있던 막달라 마리아와 여인들에게 나타나셨고, 이후 예루살렘의 한 집에 모여 있는 제자들에게 두 번째로 나타나셨다. 이때까지 세 번 모두 예수님이 먼저 제자들을 찾아와 자신을 보이셨다. 예수님이 스스로 자신을 보이시는(계시하시는) 일은 요한복음의 중요한 주제다. 예수님은 자신을 제자들에게 보이시며 세상 끝 날까지 그들과 함께하실 것을 약속하신다.

3 조반을 먹은 후 예수님이 베드로에게 세 번이나 물어보신 공통적인 질문은 무엇인가? 세 번째 질문하셨을 때 베드로는 어떻게 대답했는가?(21:15-17)

a) 예수님의 질문:

b) 베드로의 세 번째 대답:

조반을 먹은 후 예수님은 베드로에게 "네가 나를 사랑하느냐?"라고 세 번이나 질문하신다. 첫 번째 질문에서 예수님은 베드로에게 "이 사람들보다 나를 더 사랑하느냐?"라고 질문하셨다. '이 사람들보다 더'로 사용되는 대명사는 복수이며, 영어 번역본은 모두 중성 복수로 간주해 '이것들보다 더'로 번역한다. 한편 이 대명사를 중성 복수로 해석하면, 예수님의 질문은 '네가 이것들(어업에 연관된 것들)보다 나를 더 사랑하느냐?'이다. 그러므로 예수님은 베드로에게 어업(생업)을 포기하고 자기를 따를 만큼 사랑하는지 물으신 것이다.

베드로는 예수님의 질문에 처음 두 번은 "주님 그러하나이다 내가 주님을 사랑하는 줄 주님께서 아시나이다"라고 대답했다. 그러나 세 번째는 쉽게 '예'라고 대답하지 못하고 근심하며(슬퍼하며) 자신 없는 말투로 그렇다고 대답했다. 예전에는 제자 중에서 자기가 가장 주님을 사랑한다며 입버릇처럼 떠들어 대던 베드로다. 또한 예수님을 위해 자기 생명을 내놓겠다던 베드로. 그러나 더는 마음에 내키는 대로 혹은 생각하는 대로 말하지 않고 자신에 대해 예수님이 자기보다 더 잘 아신다는 사실을 인정하며 고백한다. 베드로가 예수님을 세 차례 부인한 것이 그의 교만을 치료하는 약이 되었다.

'사랑하느냐'라는 예수님의 질문과 '사랑한다'라는 베드로의 대답은 사랑에 대한 서로 다른 동사를 사용한다. 예수님은 처음 두 차례는 '아가파오'(하나님의 무조건적인 사랑)를 사용하시다가 세 번째는 '필레오'(친구 간의 사랑, 우정)를 사용하시고, 베드로는 세 번 모두 '필레오'를 사용해 대답한다. 대부분 학자는 사랑에 대한 이 두 가지 동사가 비슷한 말로 사용되고 있으며, 저자 요한이 같은 단어를 여러 차례 반복하지 않으려는 차원에 두 가지 단어를 사용하고 있다고 말한다. 요한복음에서 이 두 단어가 비슷한 말로 사용되고 있다는 가장 결정적인 증거는 하나님 아버지의 아들 예수님에 대한 사랑이 '아가파오'(3:35)뿐 아니라 '필레오'(5:20)로도 묘사되고 있다는 점이다. 그런데 예수님이 처음 두 차례 '아가파오'를 사용해 질문하신 것과 달리 세 번째 질문에서 '필레오'를 사용하시는 것을 보면 어느 정도는 의미적 차이가 있는 듯하기도 하다. 이는 요한이 복음서를 쓸 때 예수님과 함께 죽겠다고 호언장담했다가 실패한 베드로의 심경을 반영해 '아가파오'보다는 '필레오'로 질문한 것으로 표기한 듯 보인다.

	예수님의 질문	베드로의 대답
15절	네가 나를 사랑하느냐(아가파오)?	사랑합니다(필레오)
16절	네가 나를 사랑하느냐(아가파오)?	사랑합니다(필레오)
17절	네가 나를 사랑하느냐(필레오)?	사랑합니다(필레오)

4 예수님을 부인하고 실의에 빠진 베드로에게 주님이 하신 명령(사명)은 무엇인가?(21:15-17)

명령(사명):
....

....

예수님은 자신을 세 번이나 부인하고 실패와 절망에 빠진 베드로에게 주님의 양을 먹이고 치라고 하신다. 이번에도 예수님은 양을 먹이라고 하시는 권면에 다른 단어들을 사용하신다.

	예수님의 명령
15절	내 어린 양을 먹이라
16절	내 양을 치라(인도와 보호)
17절	내 양을 먹이라

예수님은 베드로에게 주님에 대한 사랑을 양들을 먹이고 치는 일로 드러내 보이라고 하신다. 당시 큰 양 떼는 우두머리 목자 한 명과 부하 목자

여러 명이 함께 관리했다. 예수님이 베드로에게 자기 양 떼를 먹이고 보살피라고 하시는 것은 마치 우두머리 목자가 부하 목자에게 해야 할 일을 지시하는 것과 비슷하다. 이 양 떼의 목자는 예수님이며, 그분은 양들을 위해 목숨을 내놓으신 선한 목자다. 예수님은 주님을 사랑한다고 고백하는 베드로에게 목자가 해야 할 일을 하라고 권면하신다. 베드로는 예수님을 닮은 선한 목자가 되어야 한다.

5 베드로가 맞이할 죽음과 예수님의 권면은 무엇이며, 요한의 소명은 무엇인가?(21:18-19, 24)

a) 베드로의 죽음(18절):

....

b) 예수님의 권면(19절):

....

c) 요한의 소명(24절):

....

....

예수님은 베드로가 어떤 죽음을 맞이할 것인지 말씀해 주신다. 젊어서는 스스로 띠 띠고 원하는 곳으로 다니지만, 늙어서는 그의 팔을 벌릴 것이며 남이 그에게 띠 띠우고 원하지 않는 곳으로 데려갈 것이라고 하신다. 젊어서는 마음대로 활동하고 자유롭게 살지만, 늙어서는 남들에 의해 제한받는 삶을 살 것이라는 뜻이다. '팔을 벌리리라'는 말씀은 베드로가 예수님처럼 십자가에서 순교할 것이라는 뜻이다. 베드로는 네로 황제가 교회를 핍박하던 시대에 순교한 것으로 알려져 있다. 그는 자신은 감히 예수님처럼 바르게 매달릴 자격이 없다며 십자가에 거꾸로 매달려 죽음을 맞이했다고 한다. '남이 띠 띠우고 원하지 아니하는 곳으로 데려가리라'는 사람들이 베드로를 줄에 묶어서 끌고 갈 것에 대한 예언이다. 베드로에게 주님을 위해 죽을 기회가 주어질 것이다. 장차 베드로도 예수님처럼 죽음을 통해 하나님의 영광을 드러낼 것이다. 순교는 실패가 아니라 택하심을 받은 사람만이 주님을 위해 할 수 있는 최고로 영광스러운 일이다.

예수님은 베드로에게 그가 어떤 죽음을 맞이할 것인지 말씀하신 후 "나를 따르라"라고 권면하신다. 예수님이 그에게 주신 예비된 길을 가라는 뜻이다. 베드로는 죽음을 통해서도 예수님을 따라야 한다. '나를 따르라'는 예수님이 제자들을 세우실 때 하신 말씀이다. 예수님은 주님을 따르는 일에 실패와 좌절을 맛보고 실의에 빠진 베드로에게 제자의 삶을 다시 시작할 새로운 기회를 주셨다.

베드로는 예수님에게 요한은 어떻게 될 것인지 물었다. 이에 예수님은 자기가 올 때까지 요한을 머물게 하고자 할지라도 베드로와는 상관없는 일이라고 매우 단호하게 대답하셨다. 예수님이 재림하실 때까지 요한을 살아 있게 하더라도 순교할 베드로가 알 바 아니라는 것이다. 요한과 베드로의 삶과 소명은 서로 비교될 수 없기 때문이다. 남의 일에 마음과 시간을 쏟지 말고, 온전히 자기가 할 일을 하며 살라는 것이다. 예수님을 따르는 것은 베드로와 요한의 삶이 보여 주는 것처럼 다양하다. 요한은 예수님의 신실한 제자이며 권위 있는 증인으로서 예수님에 대해 증언하고 성령의 영감을 받아 복음서를 기록하는 소명을 통해 예수님을 따를 것이다. 우리에게 전수된 복음서는 배경이 다른 네 명의 저자가 각기 처한 고유한 상황에서 집필한 것이다. 그럼에도 불구하고 이 책들이 증언하는 복음은 하나다. 복음은 하나지만 전파하는 방법은 다양하다.

🧭 삶의 내비게이션(적용)

1 제자들은 밤새 수고했지만 물고기를 한 마리도 잡지 못했다. 하지만 예수님이 함께하시자 그물을 들 수 없을 정도로 많은 물고기를 잡았다. 당신이 어려운 일을 당해 낙심했을 때 예수님이 함께하심으로 극복했던 경험을 이야기해 보자.
관찰문제 1번 참고.

2 베드로는 순교로, 요한은 예수님에 대해 증언하고 기록하는 일로 끝까지 예수님을 따라야 한다. 당신이 꿈꾸고 있는 제자의 삶은 무엇이며, 이를 위해 현재 어떤 노력을 하고 있는가?
관찰문제 5번 참고.

3 예수님은 주님을 사랑한다고 고백하는 베드로에게 '내 양을 먹이고 치라'라고 말씀하신다. 당신의 주변에 돌봄이 필요한 사람(대상)은 누구이며, 그들을 어떻게 돌볼 것인지 이야기해 본다.
관찰문제 4번 참고.

생활의 아로마(실천)

비밀 유지 서약서

나는 이 그룹에서 나눈 것들을 다른 곳에 누설하지 않기로 약속합니다. 또한 다른 그룹원들이 숨기고자 하는 내용을 나누도록 압력을 가하지 않을 것을 약속합니다. 하나님과 그룹원들에게 나의 약속을 성실히 이행할 것을 서약합니다.

서명____

날짜____

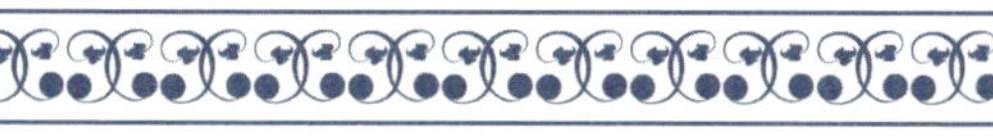

『요한복음 II』 성경공부를 통한 삶의 변화 일지

주	나의 말씀 적용(생활의 아로마)	실천 과정과 결과
1주		
2주		
3주		
4주		
5주		
6주		

주	나의 말씀 적용(생활의 아로마)	실천 과정과 결과
7주		
8주		
9주		
10주		
11주		
12주		

송병현 〈엑스포지멘터리 시리즈〉의 저자. 캐나다 틴데일대학교(B. Th.)와 미국 시카고 트리니티 복음주의신학교를 졸업하고(M. Div.) 동 대학원에서 박사학위(Ph. D.)를 받았다. 1997년부터 백석대학교 구약학 교수로 봉직 중이며 2009년부터는 선교지의 지도자 교육을 위해 강사 진을 파송하는 STAR 선교회를 이끌고 있다. 목회자와 신학생뿐 아니라 하나님의 말씀에 진지하게 귀 기울이기 원하는 이 땅의 그리스도인들 을 섬기기 위해 활발한 성경 강해와 해석 사역을 펼치고 있다.

송(임)우민 캐나다 틴데일대학교(B. Th.)와 미국 시키고 트리니티 복 음주의신학교를 졸업(M. Div.), LA에 있는 탈봇신학교에서 기독교교육 학으로 박사학위(Ph. D.)를 받았다. 20여 년간 북미와 한국에서 영어 주일학교 전도사로 교회학교 현장에서 사역했으며, CMIS 캐나다국제학 교 이사, Korea Montessori College 교수, 몬테소리 교사 및 컨설턴트 등 다양한 교육학적 경력을 바탕으로 학부모 세미나, 부부 세미나, 교 사 세미나와 주요 강사로서 가정과 교회학교를 말씀으로 세우기를 갈 망하는 부모와 교사들을 섬기고 있다. 현재 백석예술대학교 보건복지학 부 전임교수로 봉직 중이며, 남편 송병현 교수와 함께 STAR 선교회 이 사로 섬기고 있다.

엑스포지멘터리 성경공부 시리즈 요한복음 Ⅱ

초판 1쇄 발행 2024년 9월 7일
2쇄 발행 2024년 9월 8일

지은이 송병현, 임우민
구성 신재희

펴낸곳 도서출판 이엠
등록번호 제25100-2015-000063
주소 서울시 강서구 공항대로 222, 1014호
전화 070-8832-4671
E-mail empublisher@gmail.com

내용 및 세미나 문의 스타선교회: 02-520-0877 / EMail: starofkorea@gmail.com / www.star123.kr
Copyright © 송병현, 임우민, 2024, *Print in Korea.*
ISBN 979-11-93331-06-4 93230

※ 본서에서 사용한 『성경전서 개역개정판』의 저작권은 재단법인 대한성서공회 소유이며
   재단법인 대한성서공회의 허락을 받고 사용하였습니다.
※ 이 책의 전부 또는 일부 내용을 재사용하려면 사전에 저작권자와 도서출판 이엠의 동의를 받아야 합니다.
※ 가격은 표지 뒷면에 있습니다.

「이 도서의 국립중앙도서관 출판시도서목록(CIP)은 서지정보유통지원시스템 홈페이지(http://seoji.nl.go.kr)와 국가자료공
동목록시스템(http://www.nl.go.kr/kolisnet)에서 이용하실 수 있습니다. (CIP제어번호:CIP2015000753)」